Winfried Röser

Ethikunterricht mit Flüchtlingskindern 5–7

Arbeitsblätter mit darauf abgestimmten Wortschatzkarten:
Sofort-Hilfe für Lehrer ohne DaZ-Kenntnisse

Bildquellenverzeichnis:

S. 34: Logo: Deutsches Rotes Kreuz – http://www.drk-heidelberg.de/drk_heidelberg/presse/mediathek/pressebilder_drk_logos.php, Deutsches Rotes Kreuz, Public domain, via Wikimedia Commons, https://commons.wikimedia.org/wiki/File:DRK-Logo_kompakt_RGB.jpg

3. Auflage 2025

Die Autor*innen: Winfried Röser
Coverillustration: Steffen Jähde
Illustrationen: Steffen Jähde, Thorsten Trantow
Satz: fotosatz griesheim GmbH
Druck: Franz X. Stückle Druck & Verlag e.K.
ISBN 978-3-403-**07916**-3

www.auer-verlag.de

Inhaltsverzeichnis

Flüchtlingskinder, die nach dem Besuch der Vorbereitungsklasse auf die Regelklassen verteilt werden, sollen möglichst sofort in das Unterrichtsgeschehen mit einbezogen werden.

Sie sollen
- Freude am Zuhören und Mitsprechen sowie am Lesen und Schreiben in der Zweitsprache entwickeln,
- die deutsche Standardsprache immer besser verstehen können (zuerst nur Gesprochenes, dann auch Geschriebenes),
- sich zunehmend differenziert in deutscher Standardsprache verständigen bzw. sich am Unterricht beteiligen können: zuerst nur mündlich, dann auch schriftlich,
- unter Wahrung ihrer sprachlichen und kulturellen Identität in die neue Sprach- und Kulturgemeinschaft als aktives Mitglied hineinwachsen.

Die Kopiervorlagen in diesem Band richten sich an Schüler[1], deren **Muttersprache nicht Deutsch** ist. Sie zielen darauf ab, die Sprachkompetenz dieser Schüler zu erweitern und sie bestmöglich in ihrem mündlichen und schriftlichen Sprachgebrauch zu fördern. Damit wird gleichzeitig die Integration in der Lerngruppe erleichtert.

Die Schüler sollen inhaltlich klar umrissene **fachspezifische Themenfelder** aus den Kerncurricula erarbeiten. Die vorliegenden Materialien sind somit nicht nur für den DaZ-Unterricht, sondern primär für den **Fachunterricht** geeignet. Damit lernen die Schüler die fachlichen Inhalte und verbessern gleichzeitig ihre Deutschkenntnisse. Weiterhin müssen die Schüler nicht separate Inhalte lernen, sondern erschließen sich die gleichen Kompetenzen wie ihre deutschsprachigen Mitschüler. Flüchtlingskinder werden also im Fachunterricht „mitgenommen" und eine Teilhabe am Unterricht wird ermöglicht, was wiederum zu ihrer Integration beiträgt.

Jedes Kapitel ist gleich aufgebaut: Es enthält eine Seite mit Wortschatzkarten, die das unbekannte Vokabular der Arbeitsblätter mittels Bildern und englischen Übersetzungen einführen, sowie zwei Arbeitsblätter in unterschiedlichen sprachlichen und inhaltlichen Differenzierungsstufen. Damit wird ermöglicht, dass die Schüler am gleichen Thema auf unterschiedlichem Sprachniveau arbeiten können.

Die sich im Buch befindlichen Materialien können schnell, einfach und effizient vom Lehrer genutzt werden.

[1] Aufgrund der besseren Lesbarkeit ist in diesem Buch mit Schüler auch immer Schülerin gemeint, ebenso verhält es sich mit Lehrer und Lehrerin etc.

Jedes Thema besteht aus zwei Arbeitsblättern. Diese wurden sowohl sprachlich als auch qualitativ und quantitativ differenziert konzipiert.

Das **einfachere Arbeitsblatt** ist vor allem für Schüler geeignet, die die deutsche Sprache noch in sehr geringem Maße bzw. gar nicht beherrschen. Das **anspruchsvollere Arbeitsblatt** ist für diejenigen gedacht, die schon etwas besser Deutsch können. Beide enthalten eindeutige Bilder, Begriffshilfen und leichte Sprache für ein barrierefreies Erschließen von Texten[1]. Die Sätze sind verhältnismäßig kurz, jede Aufgabenstellung enthält möglichst nur einen Inhalt, abstrakte Begriffe werden vermieden.

Um den Schülern das Erschließen der Inhalte und das Erledigen der Arbeitsaufträge zu erleichtern, werden zahlreiche Begriffe, die in den Arbeitsblättern verwendet werden, mithilfe von **Wortschatzkarten** erklärt. Auf diesen Karten befinden sich das deutsche Wort (Verb, Adjektiv bzw. Nomen), dessen englische Übersetzung und ein passendes Bild. Verben werden in der Regel im Infinitiv und im Imperativ dargestellt, bei Nomen werden Einzahl und Mehrzahl genannt.

Insgesamt werden drei verschiedene Wortschatzarten angeboten. Der **Schulwortschatz** enthält elementare Basiswörter, die benötigt werden, um sich im Umfeld Schule sprachlich zurechtzufinden. Des Weiteren gibt es den **Fachwortschatz**. Dort werden alle grundlegenden Wörter, die für das Fach relevant sind, entsprechend dem oben erwähnten Muster abgebildet. Dieser wird ergänzt durch den **Themenwortschatz**, der sich speziell auf das jeweilige Thema bezieht. Die Wortschatzkarten sollten ausgeschnitten und in Karteikästen gesammelt werden, sodass die Schüler die Wörter jederzeit wiederholen und nachschlagen können.

Werden den Schülern in den Arbeitsblättern unbekannte Wörter genannt, sind sie entsprechend gekennzeichnet und können mithilfe der Wortschatzkarten nachgeschlagen werden. Zur Unterscheidung der drei Wortschatzarten werden alle Wörter, die im Schulwortschatz nachzuschlagen sind, mit unterbrochener Unterstreichung markiert. Ist ein Wort durchgehend unterstrichen, so findet man es im Fachwortschatz oder im Themenwortschatz. Selbstverständlich werden die unbekannten Wörter auch in den Lösungen entsprechend ausgewiesen, sodass die Schüler auch an dieser Stelle die Möglichkeit erhalten, fachlichen Inhalt und sprachliche Kenntnisse zu vertiefen.

Auf den Wortschatzkarten sind alle Begriffe alphabetisch sortiert. Sind im Arbeitsblatt Verben durch Konjugation im Vergleich zum dazugehörigen Infinitiv sehr stark verändert (z. B. „miss" und „messen"), wird in Klammern auf den Infinitiv verwiesen, um das Auffinden in den Wortschatzkarten zu erleichtern.

[1] In Anlehnung an die Europäischen Richtlinien für leichte Lesbarkeit.

Das vorliegende Werk orientiert sich an den Lehrplänen und curricularen Vorgaben sowie an den gängigen Schulwerken. Es werden damit möglichst viele Inhalte des Ethikunterrichts in den Jahrgangsstufen 5–7 abgedeckt. Es soll den Lehrern eine wertvolle Hilfe sein, Lernenden nicht deutscher Herkunft den Unterrichtsstoff der Lerngruppe zu vermitteln und gleichzeitig die sprachlichen Kompetenzen zu fördern.

Die Arbeitsblätter sowie die Wortschatzkarten sollen den Lehrern als Unterstützung dienen, Schüler, die Schwierigkeiten mit der deutschen Sprache haben, in den Ethikunterricht einbinden zu können. Durch die Arbeit mit den unterschiedlichen Aufgabenformaten erlernen diese dabei einerseits die im Ethikunterricht notwendigen Fachbegriffe, andererseits die erforderlichen Inhalte.

Für jedes Thema gibt es jeweils zwei differenzierte Arbeitsblätter, denen ein gemeinsamer Wortschatz zugrunde liegt. Die Arbeitsblätter sind in ihrer Schwierigkeit sowohl nach dem sprachlichen Niveau als auch hinsichtlich der kognitiven Aktivierung differenziert gestaltet. Somit kann die Mitwirkung der Schüler mit geringen Deutschkenntnissen im regulären Unterricht den individuellen Voraussetzungen und Bedürfnissen der Lernenden angepasst werden.

Dabei sollte nicht außer Acht gelassen werden, dass eine Sprache nur über ein verbales Vorbild erlernt werden kann. Es ist also unerlässlich, die Schüler direkt anzusprechen bzw. sie mit Schülern der Klasse gemeinsam arbeiten – und sprechen – zu lassen.

Es wurde Wert darauf gelegt, dass die Formate vielfach durch Icons erläutert werden und sich die Aufgabentypen wiederholen, um eine Wiedererkennung zu ermöglichen und selbstständiges Arbeiten zu erleichtern.
Häufig findet sich zu Beginn eines neuen Themas ein Informationstext, in dem auf einfachem Sprachniveau die wichtigsten Sachverhalte erläutert werden.

Bei der Erstellung der Arbeitsmaterialien wurden vor allem folgende Unterrichtsprinzipien zugrunde gelegt:

- **Prinzip der Differenzierung**
  Die Arbeitsblätter in zwei Niveaustufen sind unterschiedlich einsetzbar:
  - Als qualitative Differenzierung: Für leistungsschwächere Schüler ist Niveaustufe 1 gedacht, für leistungsstärkere Niveaustufe 2.
  - Als quantitative Differenzierung: Für leistungsschwächere Lernende kann der Umfang vieler Aufgaben ohne Weiteres reduziert werden, indem sie z. B. nur einen Teil eines Arbeitsblatts bearbeiten. Leistungsstärkere hingegen können zuerst das Aufgabenniveau 1 und später das Aufgabenniveau 2 bearbeiten. Dabei wird ein Teil der Aufgaben Wiederholung sein, um die erlernten Wörter zu vertiefen und zu sichern, ein weiterer Teil ist Transferleistung, Verknüpfung oder weiterführende Arbeit.
- **Prinzip der Selbsttätigkeit/Aktivierung**
  Den Lernenden soll die Gelegenheit gegeben werden, einen Sachverhalt mithilfe ihrer individuellen Lern- und Handlungsmöglichkeiten zu bearbeiten, damit sie dabei ihre Selbstständigkeit und Selbstbestimmung entwickeln können. Es wurden daher häufiger Bastel- und Legeformate gewählt, um die Schüler möglichst mit allen Sinnen zum einen

selbsttätig agieren zu lassen und zum anderen deren Motivation zu fördern.
Für Lerner mit geringen Sprachkenntnissen ist hierbei aber eine ständige Begleitung durch den Lehrer und/oder Mitschüler notwendig (z. B. um die Aussprache zu üben oder um Farbgebungen zu erläutern).

- **Prinzip der Anschaulichkeit**
  Schon durch den Einsatz der Bilder wird der Zielgruppe der Inhalt verdeutlicht.
  Ich habe aber daneben vielfach Aufgaben gewählt, die den Lerninhalt über eine weitere Darstellungsebene veranschaulichen sollen, sodass dieser den Lernenden auch sinnlich erfassbar gemacht wird.

Methodisch habe ich mich ebenfalls an den in den Schulbüchern gängigen Aufgabenformaten orientiert. Wichtig bei der Methodenwahl war mir, dass die Schüler für sich selbst arbeiten und dass auch vielfach Verknüpfungen zur Klasse hergestellt werden können.

Die Lösungen zu den jeweiligen Arbeitsblättern sind sowohl als Hilfe für den Lehrer als auch zur Selbstkontrolle geeignet.

Ich wünsche Ihnen viel Erfolg und hoffe, Sie in Ihrer Arbeit mit den Schülern, die über geringe Deutschkenntnisse verfügen, unterstützen zu können.

Winfried Röser

Schulwortschatz

Schulwortschatz

ankreuzen kreuze an! *to tick*		das Ankreuzen – *ticking*

Schulwortschatz

anmalen male an! *to colour*		das Anmalen – *colouring*

Schulwortschatz

		die Aufgabe die Aufgaben *the task*

Schulwortschatz

aufstehen steh auf! *to stand up*		das Aufstehen – *standing up*

Schulwortschatz

		die Aula die Aulen/Aulas *the assembly hall*

Schulwortschatz

ausschneiden schneide aus! *to cut out*		das Ausschneiden – *cutting out*

Schulwortschatz

beantworten beantworte! *to answer*		die Beantwortung die Beantwortungen *the answer*

Schulwortschatz

		das Beispiel die Beispiele *the example*

Schulwortschatz

beschreiben beschreibe! *to describe*		die Beschreibung die Beschreibungen *the description*

Schulwortschatz

beschriften beschrifte! *to label*		die Beschriftung die Beschriftungen *the label*

Schulwortschatz

Schulwortschatz		
betrachten betrachte! *to examine*		die Betrachtung die Betrachtungen *the examination*

Schulwortschatz		
	bildlich *pictorial*	**das Bild** die Bilder *the picture*

Schulwortschatz		
		der Bleistift die Bleistifte *the pencil*

Schulwortschatz		
		der Block die Blöcke *the notepad*

Schulwortschatz		
		das Buch die Bücher *the book*

Schulwortschatz		
buchstabieren buchstabiere! *to spell*		**der Buchstabe** die Buchstaben *the letter*

Schulwortschatz		
		der Buntstift die Buntstifte *the coloured pencil*

Schulwortschatz		
		das Datum – *the date*

Schulwortschatz		
durchstreichen streiche durch! *to cross out*		das Durchstreichen – *crossing out*

Schulwortschatz		
erklären erkläre! *to explain*		die Erklärung die Erklärungen *the explanation*

Schulwortschatz

Schulwortschatz

	falsch *wrong*	das Falsche – *the wrong answer*

1 + 1 = 3 f

Schulwortschatz

		das Fenster die Fenster *the window*

Schulwortschatz

fragen frage! *to ask*		die Frage die Fragen *the question*

Schulwortschatz

füllen fülle! *to fill*		**der Füller** die Füller *the ink pen*

Schulwortschatz

		der Hausmeister/ **die Hausmeisterin** die Hausmeister/-innen *the caretaker*

Schulwortschatz

		das Heft die Hefte *the exercise book*

Schulwortschatz

helfen hilf! *to help*		die Hilfe die Hilfen *the help*

Schulwortschatz

(sich) hinsetzen setze dich hin! *to sit down*		das Hinsetzen – *sitting down*

Schulwortschatz

hören höre! *to hear*		das Hören – *hearing*

Schulwortschatz

		das Kästchen die Kästchen *the box*

Schreibe das Wort in das ☐.

Schulwortschatz

Schulwortschatz		
		das Klassenzimmer die Klassenzimmer *the classroom*

Schulwortschatz		
lehren lehre! *to teach*		**der Lehrer/die Lehrerin** die Lehrer/-innen *the teacher*

Schulwortschatz		
		das Lehrerzimmer die Lehrerzimmer *the teacher's room*

Schulwortschatz		
	leicht *easy*	

1+1=2

Schulwortschatz		
lernen lerne! *to learn*		das Lernen – *learning*

Schulwortschatz		
lesen lies! *to read*		das Lesen – *reading*

Schulwortschatz		
		das Lineal die Lineale *the ruler*

Schulwortschatz		
		die Lücke die Lücken *the gap*

Fülle die ____________ aus.

Schulwortschatz		
		das Mäppchen die Mäppchen *the pencil case*

Schulwortschatz		
markieren markiere! *to highlight*		die Markierung die Markierungen *the highlight*

Schulwortschatz

Schulwortschatz		
nennen nenne! *to name*		das Nennen – *the naming*

1.
2.
3.

Schulwortschatz		
ordnen ordne! *to order*		die Ordnung – *the order*

Schulwortschatz		
		der Ordner die Ordner *the file*

Schulwortschatz		
		der Papierkorb die Papierkörbe *the waste-paper basket*

Schulwortschatz		
		die Pause die Pausen *the break*

	Montag	Dienstag
8:00-8:45	Deutsch	Mathematik
8:45-9:30	Deutsch	Englisch
9:30-9:50		
9:50-10:35	Englisch	Deutsch

Schulwortschatz		
		der Pausenhof die Pausenhöfe *the schoolyard*

Schulwortschatz		
radieren radiere! *to rub out*		**der Radiergummi** die Radiergummis *the rubber*

Schulwortschatz		
rechnen rechne! *to count*		die Rechnung die Rechnungen *the calculation*

2+2=4

Schulwortschatz		
		die Reihenfolge die Reihenfolgen *the order*

1 ➡ 2 ➡ 3 ➡ 4 ➡ 5 ➡ …

Schulwortschatz		
	richtig *right*	das Richtige – *the right answer*

1 + 1 = 2 ✓

Schulwortschatz

Schulwortschatz

		die Schere die Scheren *the scissors*

Schulwortschatz

schreiben schreibe! *to write*		das Schreiben – *writing*

Schulwortschatz

		der Schulleiter/ **die Schulleiterin** die Schulleiter/-innen *the head teacher*

Schulwortschatz

	schwer *difficult*	

$$\int_a^b f(x)dx = F(b) - F(a)$$

Schulwortschatz

sehen sieh! *to see*		das Sehen – *seeing*

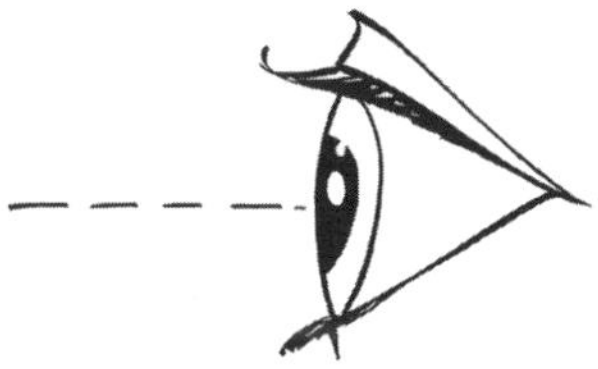

Schulwortschatz

		das Sekretariat die Sekretariate *the school office*

Schulwortschatz

spielen spiele! *to play*		das Spiel die Spiele *the game*

Schulwortschatz

spitzen spitze! *to sharpen*	spitz *sharp*	**der Spitzer** die Spitzer *the pencil sharpener*

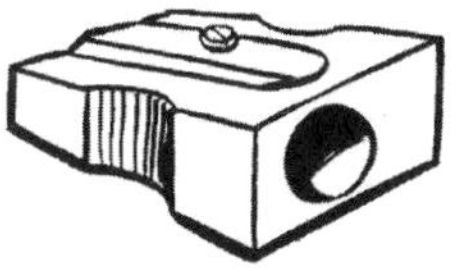

Schulwortschatz

sprechen sprich! *to speak*		das Sprechen – *speaking*

Schulwortschatz

		der Stift die Stifte *the pen*

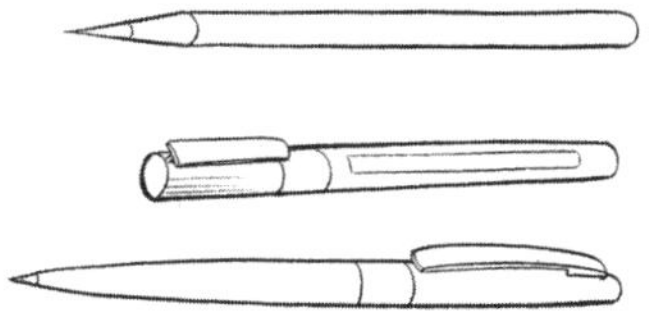

Schulwortschatz

Schulwortschatz

		der Stuhl die Stühle *the chair*

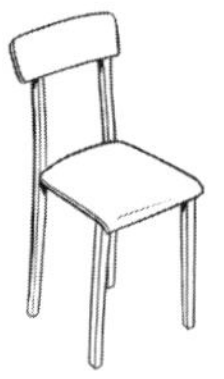

Schulwortschatz

suchen suche! *to search*		die Suche die Suchen *the search*

Schulwortschatz

		die Tabelle die Tabellen *the table*

falsch	richtig

Schulwortschatz

		die Tafel die Tafeln *the blackboard*

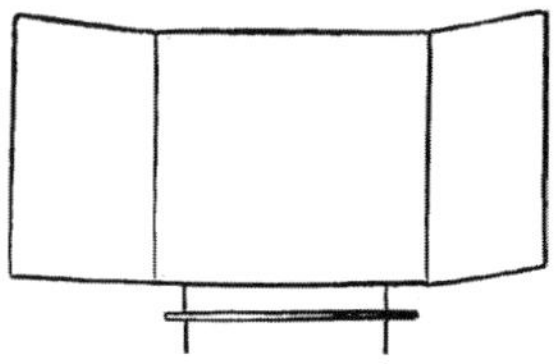

Schulwortschatz

		die Tasche die Taschen *the bag*

Schulwortschatz

		der Textmarker die Textmarker *the highlighter*

TEXTMARKER

Schulwortschatz

		der Tisch die Tische *the table*

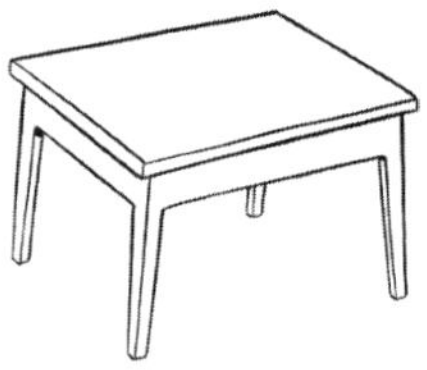

Schulwortschatz

überlegen überlege! *to consider*		die Überlegung die Überlegungen *the consideration*

Schulwortschatz

überprüfen überprüfe! *to check*		die Überprüfung die Überprüfungen *the check*

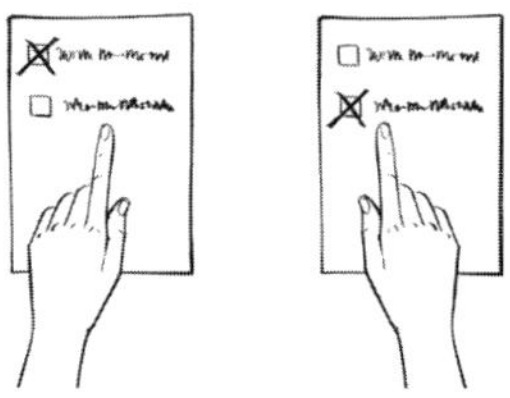

Schulwortschatz

übersetzen übersetze! *to translate*		die Übersetzung die Übersetzungen *the translation*

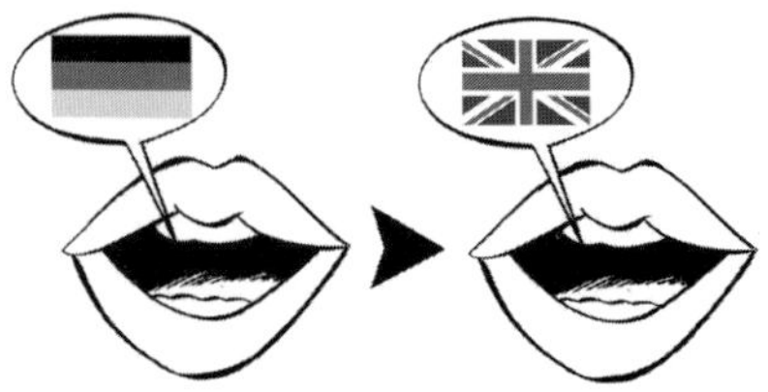

Schulwortschatz

Schulwortschatz

		die Uhr die Uhren *the clock*

Schulwortschatz

verbinden verbinde! *to connect*		die Verbindung die Verbindungen *the connection*

Schulwortschatz

wiederholen wiederhole! *to repeat*		die Wiederholung die Wiederholungen *the repetition*

Schulwortschatz

		das Wort die Wörter *the word*

Wort

Schulwortschatz

		das Wörterbuch die Wörterbücher *the dictionary*

Schulwortschatz

zählen zähle! *to count*		**die Zahl** die Zahlen *the number*

1

Schulwortschatz

zeichnen zeichne! *to draw*		die Zeichnung die Zeichnungen *the drawing*

Schulwortschatz

zeigen zeige! *to show*		das Zeigen – *showing*

Schulwortschatz

	zeitlich *temporal*	**die Zeit** die Zeiten *the time*

Schulwortschatz

zuordnen ordne zu! *to match*		die Zuordnung die Zuordnungen *the matching*

BAUM

Fachwortschatz

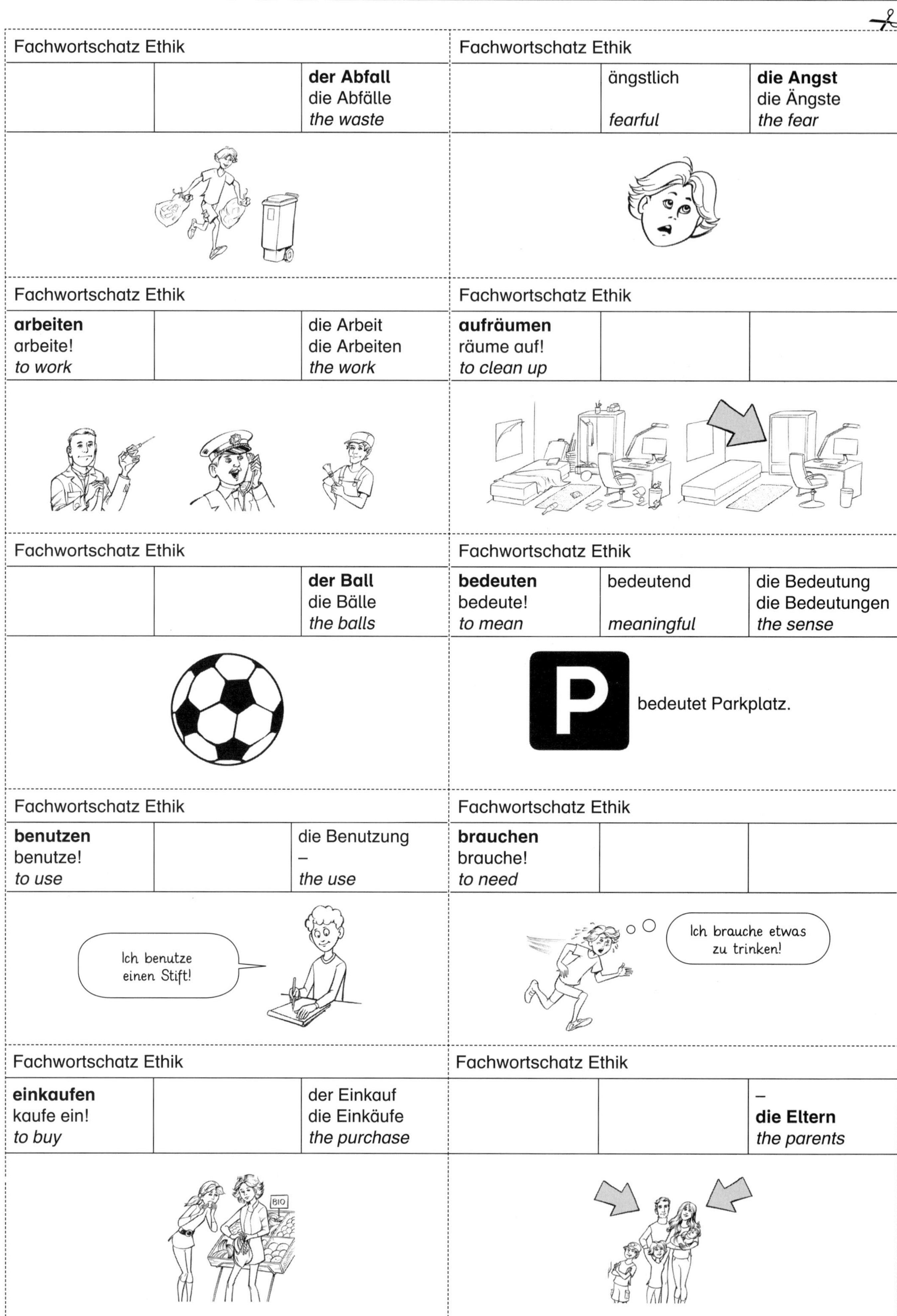

Fachwortschatz Ethik

		der Abfall die Abfälle *the waste*

Fachwortschatz Ethik

	ängstlich *fearful*	**die Angst** die Ängste *the fear*

Fachwortschatz Ethik

arbeiten arbeite! *to work*		die Arbeit die Arbeiten *the work*

Fachwortschatz Ethik

aufräumen räume auf! *to clean up*		

Fachwortschatz Ethik

		der Ball die Bälle *the balls*

Fachwortschatz Ethik

bedeuten bedeute! *to mean*	bedeutend *meaningful*	die Bedeutung die Bedeutungen *the sense*

Fachwortschatz Ethik

benutzen benutze! *to use*		die Benutzung – *the use*

Fachwortschatz Ethik

brauchen brauche! *to need*		

Fachwortschatz Ethik

einkaufen kaufe ein! *to buy*		der Einkauf die Einkäufe *the purchase*

Fachwortschatz Ethik

		– **die Eltern** *the parents*

Fachwortschatz

Fachwortschatz Ethik		
erlauben erlaube! *to permit*	erlaubt *allowed*	**die Erlaubnis** – *the permission*

Fachwortschatz Ethik		
		die Familie die Familien *the family*

Fachwortschatz Ethik		
feiern feiere! *to celebrate*		**die Feier** die Feiern *the celebration*

Fachwortschatz Ethik		
		die Freizeit – *the freetime*

Fachwortschatz Ethik		
		der Freund/die Freundin die Freunde *the friend*

Fachwortschatz Ethik		
füttern füttere! *to feed*		das Futter – *the food*

Fachwortschatz Ethik		
geben gib! *to give*		

Fachwortschatz Ethik		
	gemeinsam *together*	**die Gemeinschaft** die Gemeinschaften *the community*

Fachwortschatz Ethik		
		die Geschichte die Geschichten *the story*

Fachwortschatz Ethik		
	gewaltsam *violent*	**die Gewalt** – *the violence*

Fachwortschatz

Fachwortschatz Ethik

	gut *good*	

~~schlecht~~

Fachwortschatz Ethik

		die Hand die Hände *the hand*

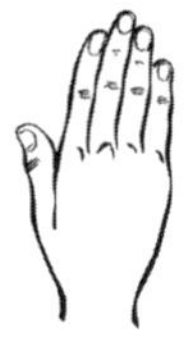

Fachwortschatz Ethik

	kindlich *childish*	**das Kind** die Kinder *the child*

Fachwortschatz Ethik

kommen komm! *to come*		

H

Fachwortschatz Ethik

	krank *ill*	die Krankheit die Krankheiten *the illness*

Fachwortschatz Ethik

lachen lache! *to laugh*	lachend *laughing*	das Lachen – *the laugh*

Fachwortschatz Ethik

laufen lauf! *to run*	laufend *running*	der Lauf die Läufe *the run*

Fachwortschatz Ethik

leben lebe! *to live*	lebendig *alive*	das Leben die Leben *the life*

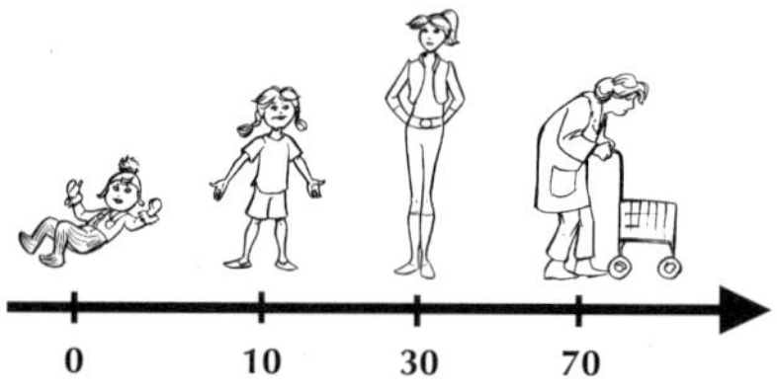

0 10 30 70

Fachwortschatz Ethik

lügen lüge *to lie*		die Lüge die Lügen *the lie*

Du bist groß!

Fachwortschatz Ethik

(sich) melden melde dich! *to put one's hand up*		die Meldung die Meldungen *the message*

Fachwortschatz

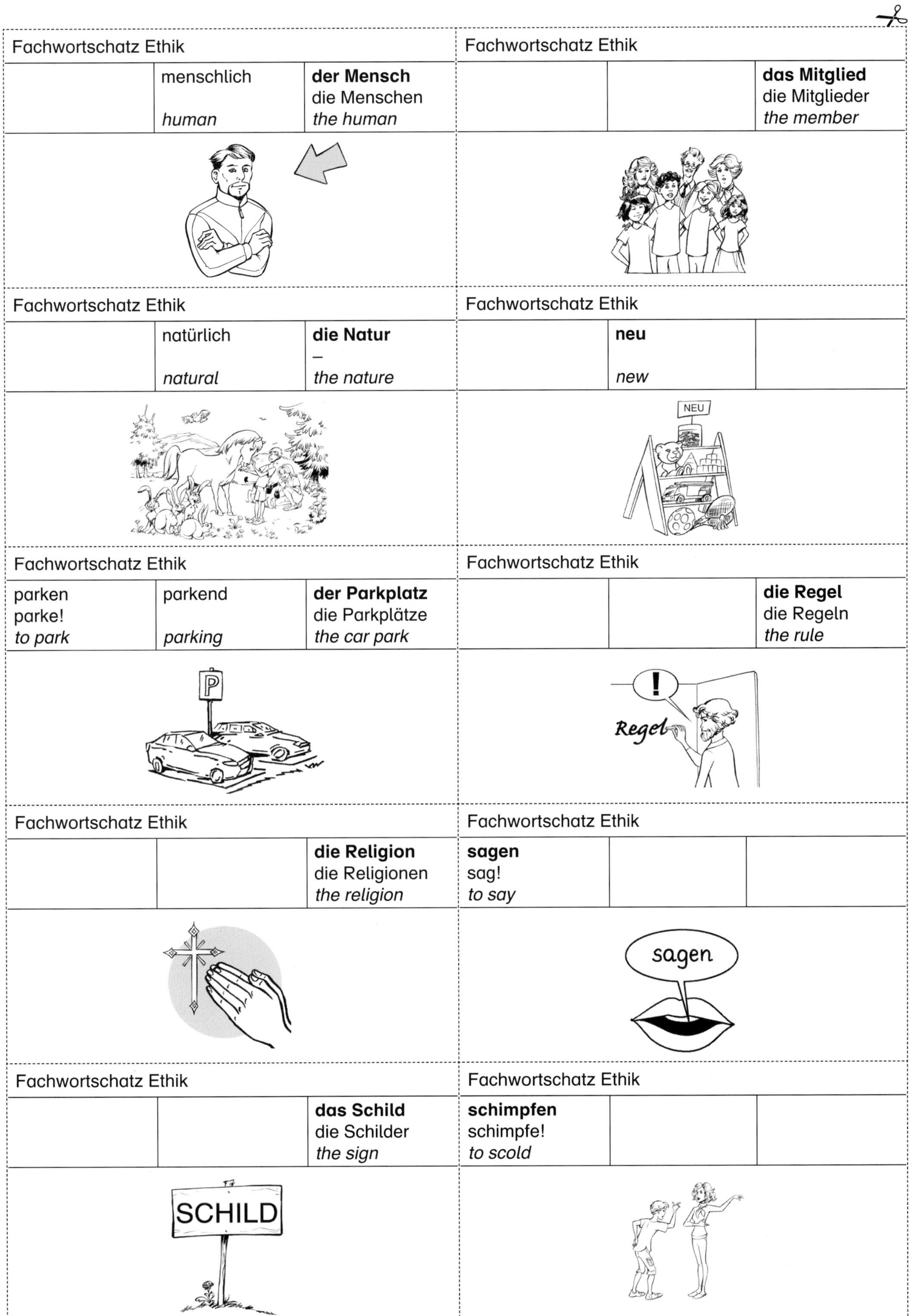

Fachwortschatz Ethik		
	menschlich *human*	**der Mensch** die Menschen *the human*

Fachwortschatz Ethik		
		das Mitglied die Mitglieder *the member*

Fachwortschatz Ethik		
	natürlich *natural*	**die Natur** – *the nature*

Fachwortschatz Ethik		
	neu *new*	

Fachwortschatz Ethik		
parken parke! *to park*	parkend *parking*	**der Parkplatz** die Parkplätze *the car park*

Fachwortschatz Ethik		
		die Regel die Regeln *the rule*

Fachwortschatz Ethik		
		die Religion die Religionen *the religion*

Fachwortschatz Ethik		
sagen sag! *to say*		

Fachwortschatz Ethik		
		das Schild die Schilder *the sign*

Fachwortschatz Ethik		
schimpfen schimpfe! *to scold*		

Fachwortschatz

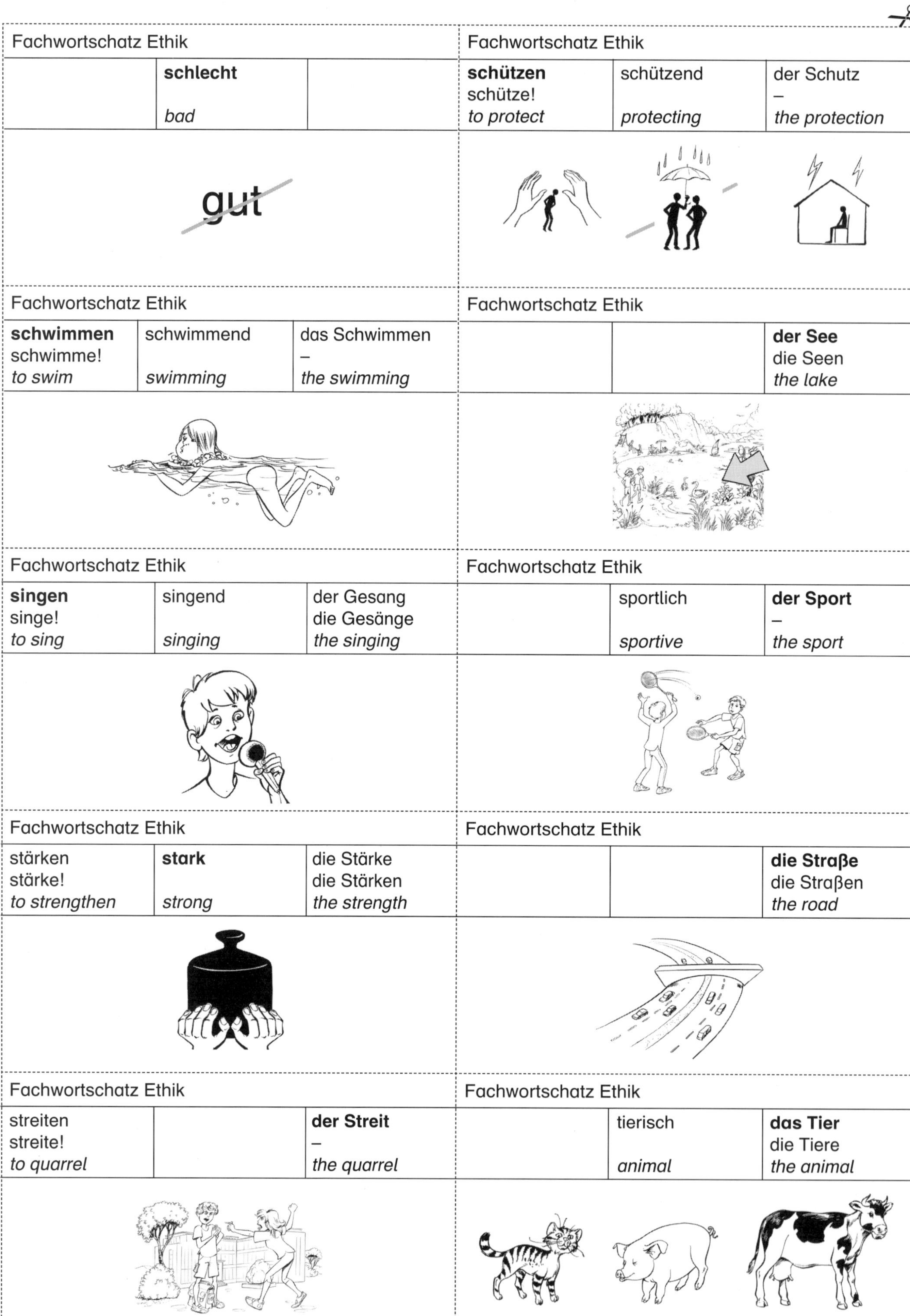

Fachwortschatz Ethik

	schlecht *bad*	

~~gut~~

Fachwortschatz Ethik

schützen schütze! *to protect*	schützend *protecting*	der Schutz – *the protection*

Fachwortschatz Ethik

schwimmen schwimme! *to swim*	schwimmend *swimming*	das Schwimmen – *the swimming*

Fachwortschatz Ethik

		der See die Seen *the lake*

Fachwortschatz Ethik

singen singe! *to sing*	singend *singing*	der Gesang die Gesänge *the singing*

Fachwortschatz Ethik

	sportlich *sportive*	**der Sport** – *the sport*

Fachwortschatz Ethik

stärken stärke! *to strengthen*	**stark** *strong*	die Stärke die Stärken *the strength*

Fachwortschatz Ethik

		die Straße die Straßen *the road*

Fachwortschatz Ethik

streiten streite! *to quarrel*		**der Streit** – *the quarrel*

Fachwortschatz Ethik

	tierisch *animal*	**das Tier** die Tiere *the animal*

Fachwortschatz

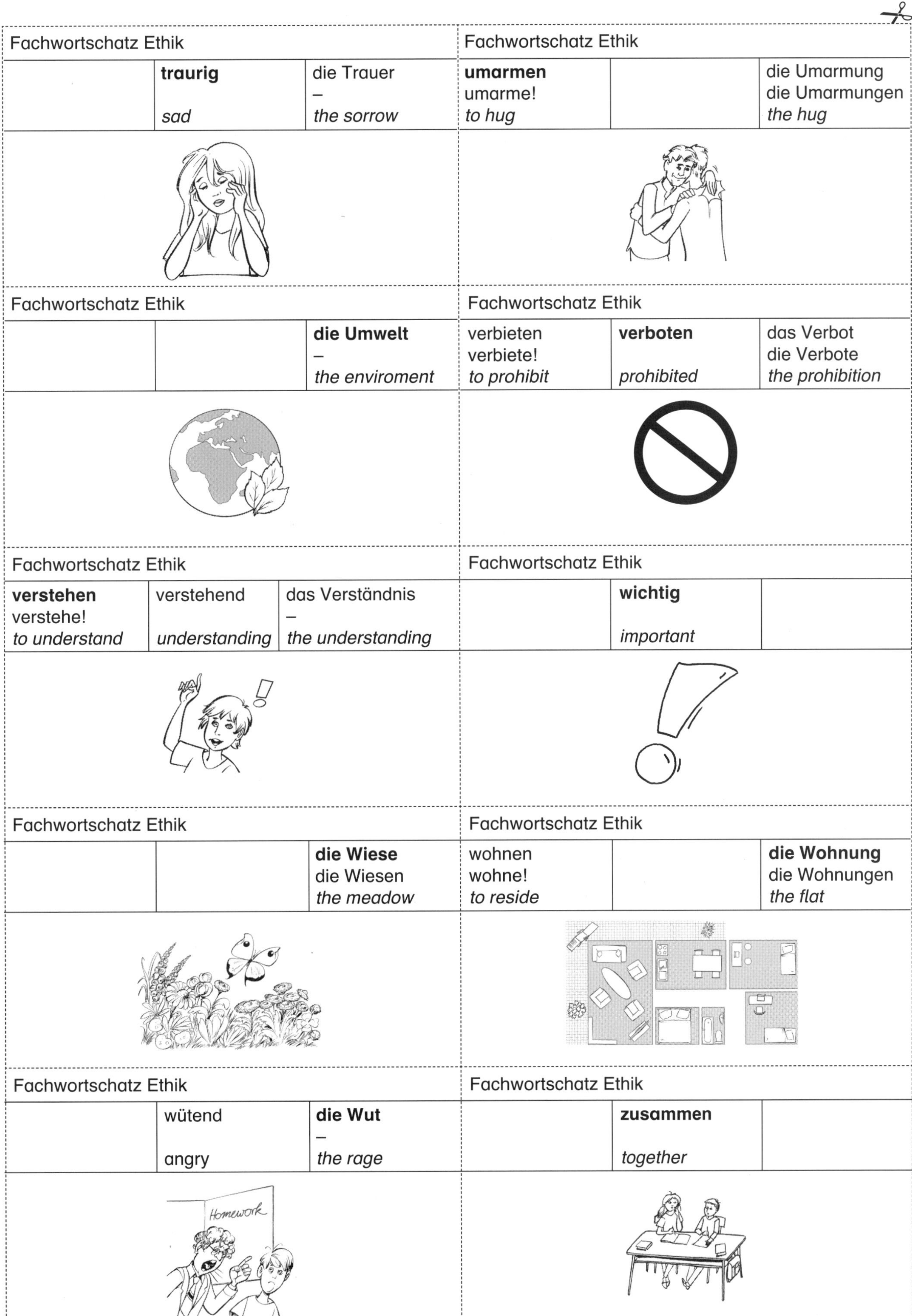

Fachwortschatz Ethik

	traurig *sad*	die Trauer – *the sorrow*

Fachwortschatz Ethik

umarmen umarme! *to hug*		die Umarmung die Umarmungen *the hug*

Fachwortschatz Ethik

		die Umwelt – *the enviroment*

Fachwortschatz Ethik

verbieten verbiete! *to prohibit*	**verboten** *prohibited*	das Verbot die Verbote *the prohibition*

Fachwortschatz Ethik

verstehen verstehe! *to understand*	verstehend *understanding*	das Verständnis – *the understanding*

Fachwortschatz Ethik

	wichtig *important*	

Fachwortschatz Ethik

		die Wiese die Wiesen *the meadow*

Fachwortschatz Ethik

wohnen wohne! *to reside*		**die Wohnung** die Wohnungen *the flat*

Fachwortschatz Ethik

	wütend angry	**die Wut** – *the rage*

Fachwortschatz Ethik

	zusammen *together*	

Die Familie

Die Familie

		– **die Großeltern** *the grandparents*

Die Familie

kochen koche! *to cook*	gekocht *cooked*	

Die Familie

		die Mutter die Mütter *the mother*

Die Familie

putzen putze! *to clean*		

Die Familie

		der Sohn die Söhne *the son*

Die Familie

		die Tochter die Töchter *the daughter*

Die Familie

		der Vater die Väter *the father*

Die Familie

1. Markiere wichtige Wörter.

Die Familie ist eine Gemeinschaft.
In einer Familie gibt es: die Eltern, die Kinder und die Großeltern.
Die Familie lebt meistens zusammen in einer Wohnung.

2. Beschreibe deine Familie.

Eltern: ______________________

Kinder: ______________________

____

____

Großeltern: ______________________

Die Familie

Die Familie ist eine Gemeinschaft. In jeder Gemeinschaft gibt es viele Menschen.

1. Beschreibe deine Familie.

Das ist meine Familie:

Eltern: ______________________________

Kinder: ______________________________

Großeltern: ______________________________

2. In der Familie hat jeder eine Aufgabe.

Ordne die Aufgaben den Menschen in der Familie zu (→ zuordnen).

Jeder Mensch kann mehr als eine Aufgabe haben.

Vater

Mutter

- kochen
- einkaufen
- arbeiten
- spielen
- schreiben
- rechnen
- putzen
- aufräumen

Sohn

Tochter

3. Schreibe zu jedem Mitglied deiner Familie einen Satz in dein Heft.

Beispiel: Mein Vater kocht und kauft ein (→ einkaufen)

Die Familie

1. Die Familie ist eine Gemeinschaft.
In einer Familie gibt es: die Eltern, die Kinder und die Großeltern.
Die Familie lebt meistens zusammen in einer Wohnung.

2. Beispiele:

Eltern: Mein Vater heißt Ahmet. Er ist 37 Jahre alt.
Meine Mutter heißt Alma. Sie ist 32 Jahre alt.
Kinder: Wir sind 2 Kinder. Ich habe 1 Bruder / 1 Schwester. Er / Sie heißt ...
Großeltern: Meine Großeltern heißen ...

---

1. Beispiele:

Eltern: Mein Vater heißt Ahmet. Er ist 37 Jahre alt.
Meine Mutter heißt Alma. Sie ist 32 Jahre alt.
Kinder: Wir sind zwei Kinder. Ich habe einen Bruder / eine Schwester.
Er / Sie heißt ...
Großeltern: Meine Großeltern heißen ...

2. Beispiele:

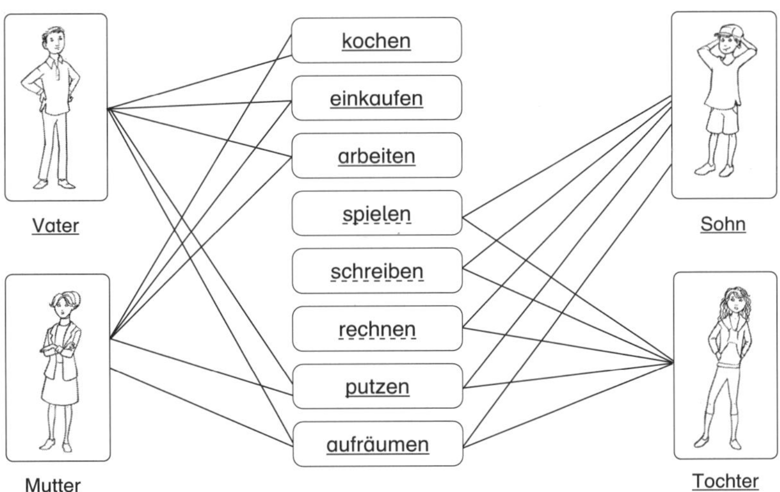

3. Beispiele:
Mein Vater kocht und kauft ein (→ einkaufen).
Meine Mutter arbeitet und kauft ein.
Ich räume auf (→ aufräumen) und schreibe.
Meine Schwester spielt und räumt auf.

Die Schulklasse

Die Schulklasse		
ergänzen ergänze! *to add*	ergänzend *additional*	die Ergänzung die Ergänzungen *the addition*

Die Schulklasse		
	laut *loud*	

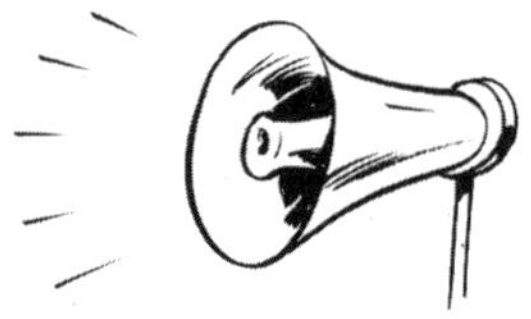

Die Schulklasse		
	leise *quiet*	

Die Schulklasse		
	sauber *clean*	

Die Schulklasse

1. Ergänze die Zahlen und die Wörter.

In meiner Schulklasse sind _______ Mädchen und _______ Jungen.

Meine Schulklasse ist die _______ .

Mein Lehrer/Meine Lehrerin ist ___________ ______________________ .

2. Beschrifte das Bild mit diesen Wörtern: Lehrerin, Mädchen, Junge.

3. Was machen die Jungen und Mädchen in der Schulklasse?
Ordne die Wörter den Bildern zu (→ zuordnen): schreiben, sich melden, hören, zusammen arbeiten.

Die Schulklasse

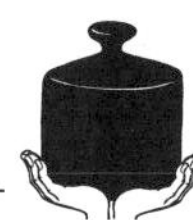

1. Schreibe die Sätze in dein Heft. Ergänze die Zahlen und Wörter.

Die Schulklasse ist eine Gemeinschaft. Meine Schulklasse ist die ____________.

In meiner Schulklasse sind ______ Mädchen und ______ Jungen.

Mein Lehrer/Meine Lehrerin ist ____________ ______________________________.

In meiner Schule gibt es ____________ Schulklassen.

2. In jeder Gemeinschaft gibt es Regeln, auch für eine Schulklasse.
Welche Regeln sind wichtig? Markiere die Regeln.

a) In der Schulklasse helfen wir uns.
b) Wir hören nicht, wenn andere etwas sagen.
c) Wir melden uns, wenn wir etwas sagen wollen.
d) Wir sind laut, nicht leise.
e) Unser Klassenzimmer muss nicht sauber sein.

3. Schreibe die falschen Regeln aus Aufgabe 2 neu. Das Beispiel hilft (→ helfen) dir:
Wir laufen herum und sitzen nicht. → Wir laufen nicht herum und sitzen.

____

____

____

4. Zeichne für jede Regel ein Bild.

hören	sich melden	helfen

Die Schulklasse

1. Beispiel:
   In meiner Schulklasse sind 12 Mädchen und 11 Jungen.
   Meine Schulklasse ist die 6b. ...

2.

3.

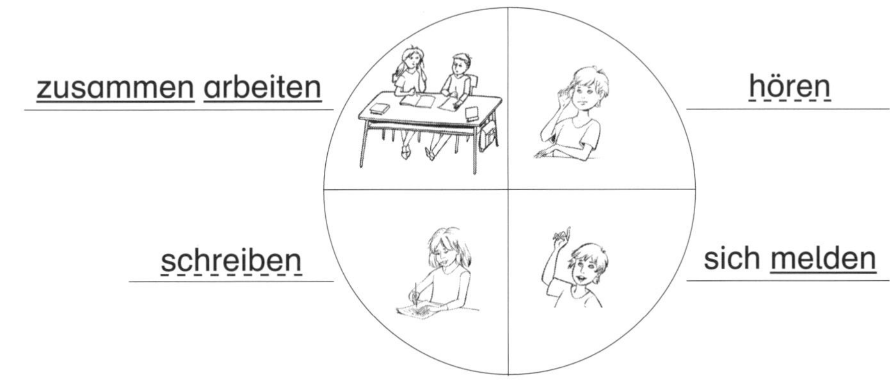

1. Die Schulklasse ist eine Gemeinschaft. Meine Schulklasse ist die 6b.
   In meiner Schulklasse sind 12 Mädchen und 11 Jungen. ...

2. a) In der Schulklasse helfen wir uns.
   b) Wir hören nicht, wenn andere etwas sagen.
   c) Wir melden uns, wenn wir etwas sagen wollen.
   d) Wir sind laut, nicht leise.
   e) Unser Klassenzimmer muss nicht sauber sein.

3. Wir hören, wenn andere etwas sagen.
   Wir sind leise, nicht laut.
   Unser Klassenzimmer muss immer sauber sein.

Die Religionsgemeinschaft

Die Religionsgemeinschaft

	arm *poor*	**der Arme** die Armen *the poor*

Die Religionsgemeinschaft

beten bete! *to pray*		das Gebet die Gebete *the prayer*

Die Religionsgemeinschaft

		der Christ die Christen *the christian*

Die Religionsgemeinschaft

		das Geld die Gelder *the money*

Die Religionsgemeinschaft

glauben glaube! *to believe*		der Glaube – *the belief*

Die Religionsgemeinschaft

		der Gott die Götter *the god*

Die Religionsgemeinschaft

		das Gotteshaus die Gotteshäuser *the church*

Die Religionsgemeinschaft

		der Moslem die Moslems *the muslim*

Die Religionsgemeinschaft

		die Prozession die Prozessionen *the procession*

Die Religionsgemeinschaft

1. Markiere wichtige Wörter. Schreibe die Wörter in dein Heft.

Viele Menschen gehören zu einer Religion.
Sie sind Moslems, Christen oder Mitglieder einer anderen Religion.
Sie glauben alle an einen Gott.

2. Was machen Menschen einer Religionsgemeinschaft gemeinsam?
Ordne die Bilder zu (→ zuordnen).

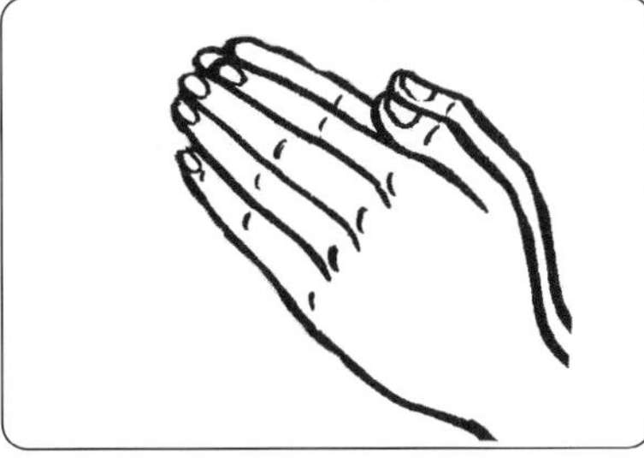

Sie beten und singen.

Sie machen für ihren Gott eine Prozession.

Sie helfen Armen mit Geld.

Sie gehen in ein Gotteshaus.

Sie feiern zusammen.

3. Was bedeutet Religion für dich? Zeichne ein Bild.

Die Religionsgemeinschaft

1. Markiere wichtige Wörter. Schreibe die Wörter in dein Heft.

Viele Menschen gehören zu einer Religion.
Sie sind Moslems, Christen oder Mitglieder einer anderen Religion.
Sie glauben alle an einen Gott.
Sie beten gemeinsam in einem Gotteshaus.
Sie haben Zeit für Gott.

2. Was machen Menschen in der Religionsgemeinschaft?

a) Schneide die Puzzleteile aus (→ ausschneiden).

b) Ordne sie zu Sätzen und schreibe sie auf.

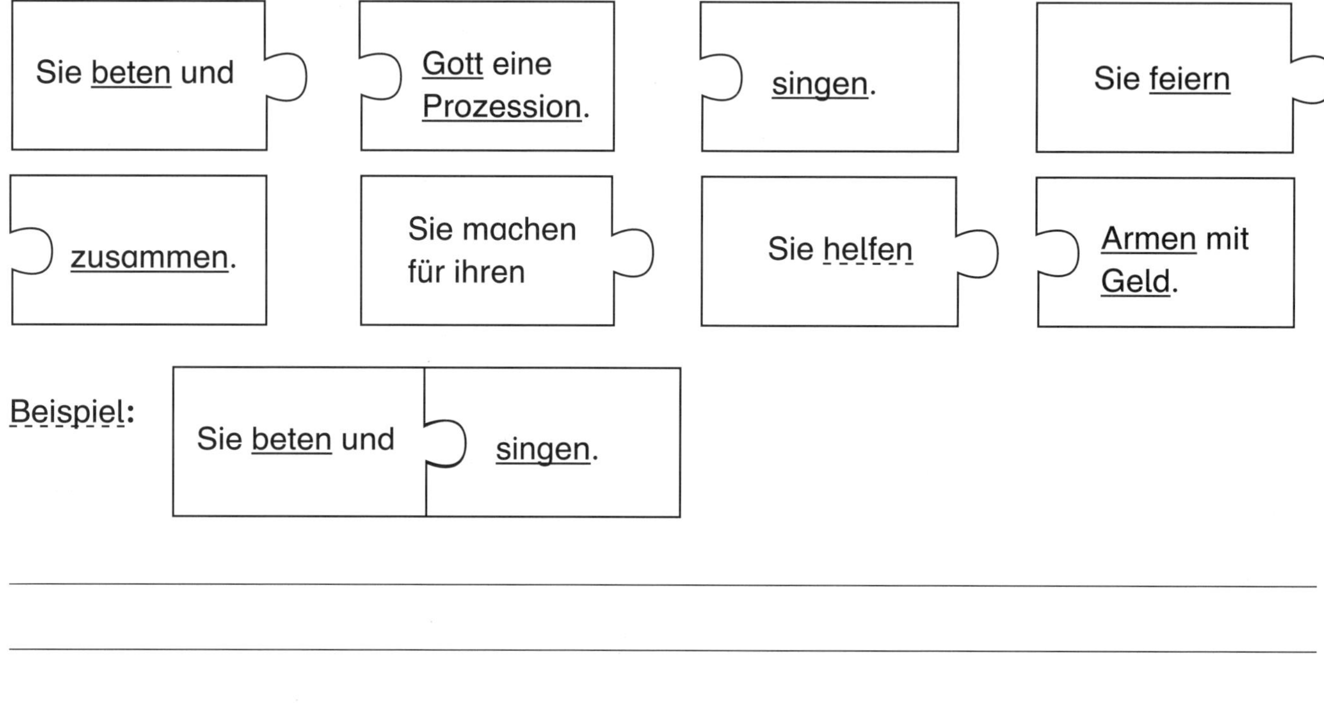

3. Menschen machen in der Religionsgemeinschaft vieles gemeinsam.

Beschreibe die drei Bilder mit einem Satz. Benutze die Wörter.

Prozession	feiern	Geld geben	helfen	arme Menschen	beten	singen	Gott

a) **b)** **c)**

a) ______________________

b) ______________________

c) ______________________

Die Religionsgemeinschaft

1. Viele Menschen gehören zu einer Religion.
Sie sind Moslems, Christen oder Mitglieder einer anderen Religion.
Sie glauben alle an einen Gott.

2.

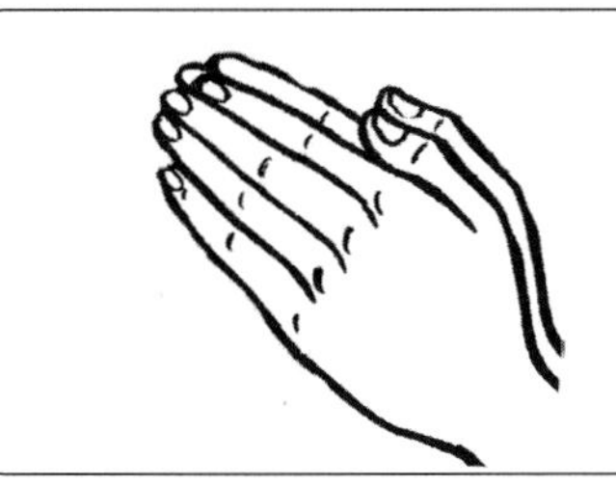

Sie beten und singen.

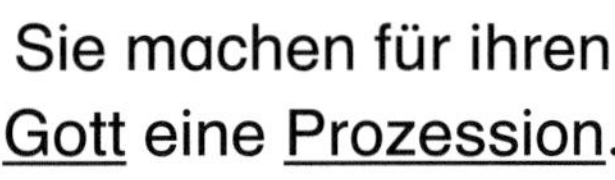

Sie machen für ihren Gott eine Prozession.

Sie helfen Armen mit Geld.

Sie gehen in ein Gotteshaus.

Sie feiern zusammen.

---

1. Viele Menschen gehören zu einer Religion.
Sie sind Moslems, Christen oder Mitglieder einer anderen Religion.
Sie glauben alle an einen Gott.
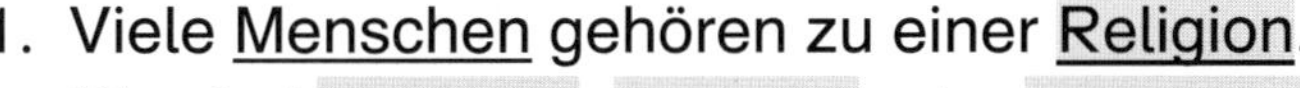
Sie beten gemeinsam in einem Gotteshaus.
Sie haben Zeit für Gott.

2.

Sie beten und	singen.
Sie helfen	Armen mit Geld.

Sie machen für ihren	Gott eine Prozession.
Sie feiern	zusammen.

3. Beispiele:
a) Die Menschen feiern ein Fest.
b) Die Menschen geben Geld und helfen armen Menschen.
c) Die Menschen beten und singen zu Gott. Sie machen eine Prozession.

Der Verein

Der Verein		
		die Feuerwehr – *the fire brigade*

Der Verein		
löschen lösche! *to extinguish*		das Löschen – *the quenching*

Der Verein		
musizieren musiziere! *to make music*		**die Musik** – *the music*

Der Verein		
		das Rote Kreuz – *the Red Cross*

Deutsches
Rotes
Kreuz

Der Verein		
		das Team die Teams *the team*

Der Verein		
teilen teile! *to share*		der Teil die Teile *the part*

Der Verein		
		der Verein die Vereine *the club*

Der Verein		
wandern wandere! *to wander*		die Wanderung die Wanderungen *the hiking*

Der Verein

Ein Verein ist eine Gemeinschaft. In einem Verein sind Menschen, um in der Freizeit etwas gemeinsam zu machen.

1. Was machen Menschen in einem Verein?
Verbinde die Wörter mit den richtigen Bildern.

2. Wiederhole wichtige Wörter und schreibe sie in die Lücken.

In einem Verein ______________________ die Menschen ________________.

In einem Verein ______________________ die Menschen ________________.

In einem Verein ______________________ die Menschen ________________.

In einem Verein ______________________ die Menschen.

In einem Verein ______________________ die Menschen.

In einem Verein ______________________ die Menschen.

3. Was machst du gern in deiner Freizeit? Zeichne ein Bild.

Der Verein

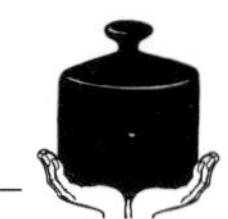

Ein Verein ist eine Gemeinschaft. In einem Verein sind Menschen, um in der Freizeit etwas gemeinsam zu machen.

1. Schreibe zu jedem Bild einen Satz. Benutze die Wörter:
Ball spielen, Sport machen, wandern, schwimmen, Musik machen, singen

a) ______________________

b) ______________________

c) ______________________

d) ______________________

e) ______________________

f) ______________________

2. Warum sind Menschen in einem Verein? Markiere wichtige Wörter.

a) Menschen sind in einem Verein, um gemeinsam Freizeit zu haben.
b) Menschen in einem Verein sind ein Team.
c) Menschen in einem Verein teilen ihre Aufgaben.
d) Menschen in einem Verein feiern gemeinsam Feste.

3. Was machst du gern in deiner Freizeit? Zeichne ein Bild.

4. Wie helfen diese Vereine anderen Menschen? Schreibe einen Satz.

Die Feuerwehr ______________________

____

Das Rote Kreuz ______________________

____

Lösung

Der Verein

1.

2. In einem Verein spielen die Menschen Ball.
In einem Verein machen die Menschen Musik.
In einem Verein machen die Menschen Sport.
In einem Verein singen die Menschen.
In einem Verein wandern die Menschen.
In einem Verein schwimmen die Menschen.

1.

a) Sie machen gemeinsam Sport.

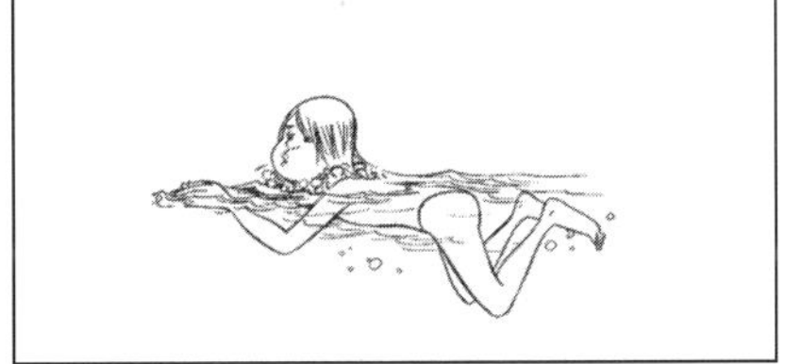

b) Sie schwimmen gemeinsam.

c) Menschen wandern gemeinsam.

d) Menschen singen gemeinsam.

e) Sie machen gemeinsam Musik.

f) Sie spielen gemeinsam Ball.

2. a) Menschen sind in einem Verein, um gemeinsam Freizeit zu haben.
b) Menschen in einem Verein sind ein Team.
c) Menschen in einem Verein teilen ihre Aufgaben.
d) Menschen in einem Verein feiern gemeinsam Feste.

4. Die Feuerwehr löscht das Feuer.
Das Rote Kreuz ist ein Verein, der anderen Menschen hilft (→ helfen), wenn sie krank sind.

Die Natur erhalten

Die Natur erhalten

		der Baum die Bäume *the tree*

Die Natur erhalten

		die Blume die Blumen *the flower*

Die Natur erhalten

		der Fisch die Fische *the fish*

Die Natur erhalten

	groß *big*	die Größe die Größen *the height*

Die Natur erhalten

		der Raum die Räume *the area*

Die Natur erhalten

regnen regne! *to rain*		**der Regen** – *the rain*

Die Natur erhalten

	sonnig *sunny*	**die Sonne** – *the sun*

Die Natur erhalten

		das Ufer die Ufer *the bank*

Die Natur erhalten

		der Vogel die Vögel *the bird*

Die Natur erhalten

Die Natur ist sehr schön. Blumen, Bäume, Tiere, Vögel, Fische, Sonne und Regen. Das alles ist Natur. Die Menschen leben mit der Natur. Sie müssen die Natur schützen.

1. Beschrifte das Bild. Die Wörter helfen dir.

See	Ufer	Bäume	Vogel	Blumen

2. Schreibe die Wörter in die Lücken.

See	Bäume	Natur	schön	Natur	Tiere	schützen

Auf dem Bild sehe ich einen ____________________.

Auf dem Bild sehe ich große ____________________.

Die ____________________ ist ____________________.

Die Menschen sollen die ____________________ und die ____________________

____

3. Wie kann man die Natur schützen? Zeichne ein Bild.

Die Natur erhalten

Die Natur ist sehr schön. Blumen, Bäume, Tiere, Vögel, Fische, Sonne und Regen. Das alles ist Natur. Die Menschen leben mit der Natur. Sie müssen die Natur schützen.

1. Beschrifte das Bild. Die Wörter helfen dir.

See	Ufer	Bäume	Vogel	Blumen

2. Kreuze die richtigen Sätze an (→ ankreuzen).

- ☐ Die Natur ist schön.
- ☐ Die Menschen müssen die Natur schützen.
- ☐ Die Sonne ist für die Natur wichtig.
- ☐ Der Regen ist nicht so wichtig. Die Menschen wollen keinen Regen.
- ☐ Das alles ist Natur: Blumen und Bäume, Tiere, Vögel und Fische.
- ☐ Die Menschen müssen der Natur nicht helfen.

3. Verbinde die Sätze.

a)	Die Menschen	schützen die Natur.
b)	Die Menschen	und Blumen.
c)	Wir schützen den Raum	helfen der Natur.
d)	Wir schützen Bäume	und den Fischen.
e)	Wir helfen dem See	und die Vögel.
f)	Wir schützen die Wiese	zum Leben für Tiere.

Die Natur erhalten

1.

2. Auf dem Bild sehe ich einen See.
Auf dem Bild sehe ich große Bäume.
Die Natur ist schön.
Die Menschen sollen die Natur und die Tiere schützen.

1.

2. ☒ Die Natur ist schön.
☒ Die Menschen müssen die Natur schützen.
☒ Die Sonne ist für die Natur wichtig.
☒ Das alles ist Natur: Blumen und Bäume, Tiere, Vögel und Fische.

3. a) Die Menschen — helfen der Natur.
b) Die Menschen — schützen die Natur.
c) Wir schützen den Raum — zum Leben für Tiere.
d) Wir schützen Bäume — und Blumen.
e) Wir helfen dem See — und den Fischen.
f) Wir schützen die Wiese — und die Vögel.

Die Umwelt schützen

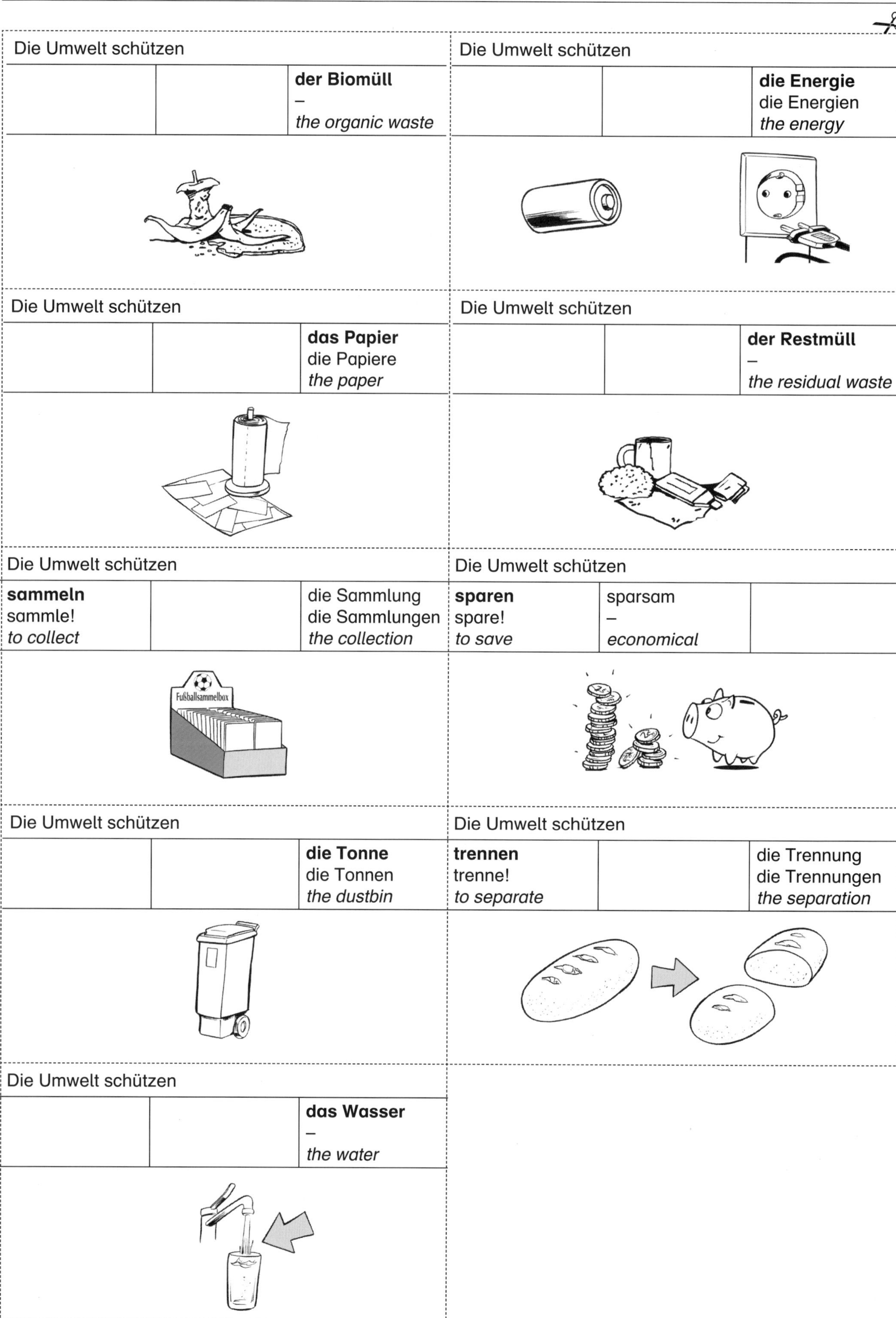

Die Umwelt schützen

		der Biomüll – *the organic waste*

Die Umwelt schützen

		die Energie die Energien *the energy*

Die Umwelt schützen

		das Papier die Papiere *the paper*

Die Umwelt schützen

		der Restmüll – *the residual waste*

Die Umwelt schützen

sammeln sammle! *to collect*		die Sammlung die Sammlungen *the collection*

Die Umwelt schützen

sparen spare! *to save*	sparsam – *economical*	

Die Umwelt schützen

		die Tonne die Tonnen *the dustbin*

Die Umwelt schützen

trennen trenne! *to separate*		die Trennung die Trennungen *the separation*

Die Umwelt schützen

		das Wasser – *the water*

Die Umwelt schützen

Für jede Familie gibt es 4 Tonnen. In jede Tonne kommt Abfall.

1. Beschrifte die Tonnen. Male sie in der richtigen Farbe an (→ anmalen).

Papier – blau Restmüll – schwarz Biomüll – braun Gelbe Tonne – gelb

2. Zeichne 2 richtige Abfälle in jede Tonne von Aufgabe 1.

3. Verbinde die Wörter. Schreibe Sätze mit den Wörtern.
Die Menschen schützen die Umwelt:

den Abfall	sammeln
Wasser	sparen
die Luft	schützen
Energie	trennen
Papier	sparen

Die Umwelt schützen

Für jede Familie gibt es vier Tonnen. In jede Tonne kommt Abfall.

1. Schreibe die Wörter in die Lücken. Schreibe die Sätze in dein Heft.

Die Menschen sollen die Umwelt schützen:

Sie ____________ Energie.

Sie trennen den ____________.

Sie sparen ____________.

Sie ____________ Papier und ____________.

Sie benutzen ____________ Autos.

sparen
Wasser
umweltfreundliche
sammeln
Plastik
Abfall

2. Beschrifte die Tonnen. Male sie in der richtigen Farbe an (→ anmalen).

Papier – blau	Restmüll – schwarz	Biomüll – braun	Gelbe Tonne – gelb
____________	____________	____________	____________
____________	____________	____________	____________
____________	____________	____________	____________

3. Welcher Abfall ist in welcher Tonne? Schreibe den Abfall unter die Tonnen in Aufgabe 2.

Block	Heft	Lappen	Blumen	Taschentuch	Spielzeug
Zeitung	Obstreste	Gemüsereste	Verpackung	Dosen	Plastik

Die Umwelt schützen

1. Beispiele:

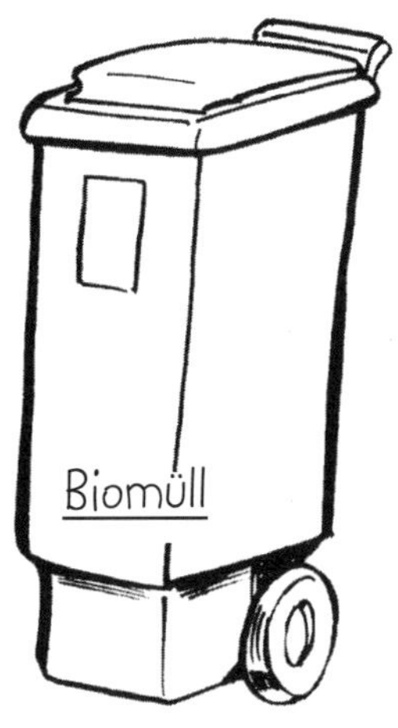

Zeitungen, Blätter, Hefte, Block ...

Lappen, Windel, Spielzeug ...

Obst, Gemüsereste, Blumen, Äste ...

Verpackung, Dose, Plastik ...

3.

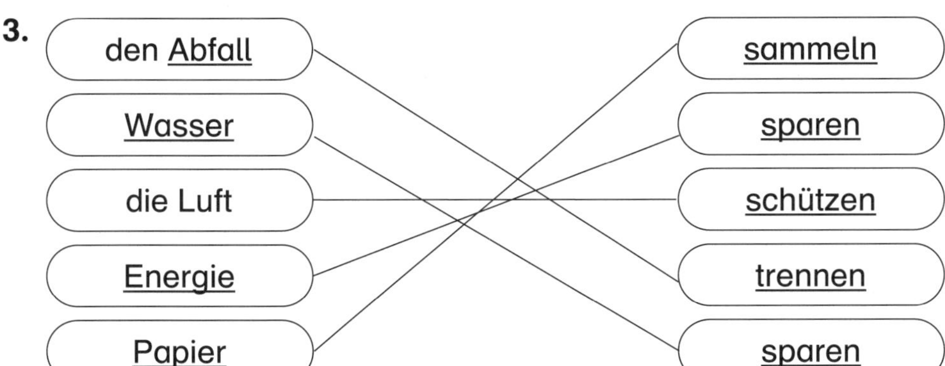

Die Menschen sammeln Papier.
Die Menschen sparen Energie.
Die Menschen schützen die Luft.
Die Menschen trennen den Abfall.
Die Menschen sparen Wasser.

---

1. Die Menschen sollen die Umwelt schützen:
Sie sparen Energie.
Sie trennen den Abfall.
Sie sparen Wasser.
Sie sammeln Papier und Plastik.
Sie benutzen umweltfreundliche Autos.

3.

Papier – blau	Restmüll – schwarz	Biomüll – braun	Gelbe Tonne – gelb
Zeitung	Lappen	Obstreste	Verpackung
Heft	Taschentuch	Gemüsereste	Dose
Block	Spielzeug	Blumen	Plastik

Freunde haben

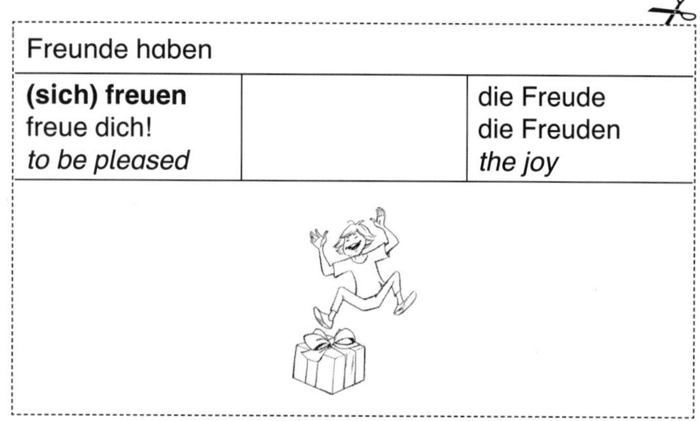

Freunde haben		
(sich) freuen freue dich! *to be pleased*		die Freude die Freuden *the joy*

Freunde haben

1. Schreibe die Wörter in dein Heft. Schreibe deine Freunde in die Lücken.

Ich habe einen Freund. Er heißt: ____.

Ich habe eine Freundin. Sie heißt: ______________________________________.

Mit meinem Freund und mit meiner Freundin ist es schön.

Wir sehen uns oft. Wir spielen und sprechen. Wir verstehen uns.

2. Was machen die Freunde? Beschreibe das Bild. Schreibe Sätze. Die Wörter helfen dir.

sich freuen	sprechen	lachen	spielen	laufen

Die Freunde ______________________________.

Die Freunde ______________________________.

Die Freunde ______________________________.

Die Freunde ______________________________.

Die Freunde ______________________________.

3. Zeichne ein Bild: du und dein Freund.

Freunde haben

1. Markiere wichtige Wörter.
Schreibe deine Freunde in die Lücke.

Jeder Mensch hat Freunde. Es gibt richtige und falsche Freunde.
Mit richtigen Freunden kann man sprechen, lachen und spielen.
Falsche Freunde sind da, wenn es dir gut geht.
Sie sind nicht da, wenn es dir schlecht geht.
Freunde haben Zeit für sich.
Ein richtiger und guter Freund ist wichtig.

Ich habe Freunde. Es sind: ______________________________.

____

2. Beschreibe die Bilder. Schreibe Sätze. Die Wörter helfen dir.

lachen	oft sehen	Ball spielen	sprechen	Freizeit
zusammen sein	sich freuen	laufen	sich umarmen	Hand geben

Freunde ______________________________.

Freunde ______________________________.

Freunde ______________________________.

Freunde ______________________________.

Freunde ______________________________.

Freunde ______________________________.

Freunde ______________________________.

2. Die Freunde lachen.
Die Freunde freuen sich.
Die Freunde laufen.
Die Freunde wollen Ball spielen.
Die Freunde sprechen.

1. Jeder Mensch hat Freunde. Es gibt richtige und falsche Freunde.
Mit richtigen Freunden kann man sprechen, lachen und spielen.
Falsche Freunde sind da, wenn es dir gut geht.
Sie sind nicht da, wenn es dir schlecht geht.
Freunde haben Zeit für sich.
Ein richtiger und guter Freund ist wichtig.

2. Freunde umarmen sich.
Freunde geben sich die Hand.
Freunde sind in der Freizeit zusammen.
Freunde sehen sich oft und lachen.
Freunde sprechen.
Freunde spielen Ball.
Freunde freuen sich, wenn sie sich sehen.

Freunde helfen

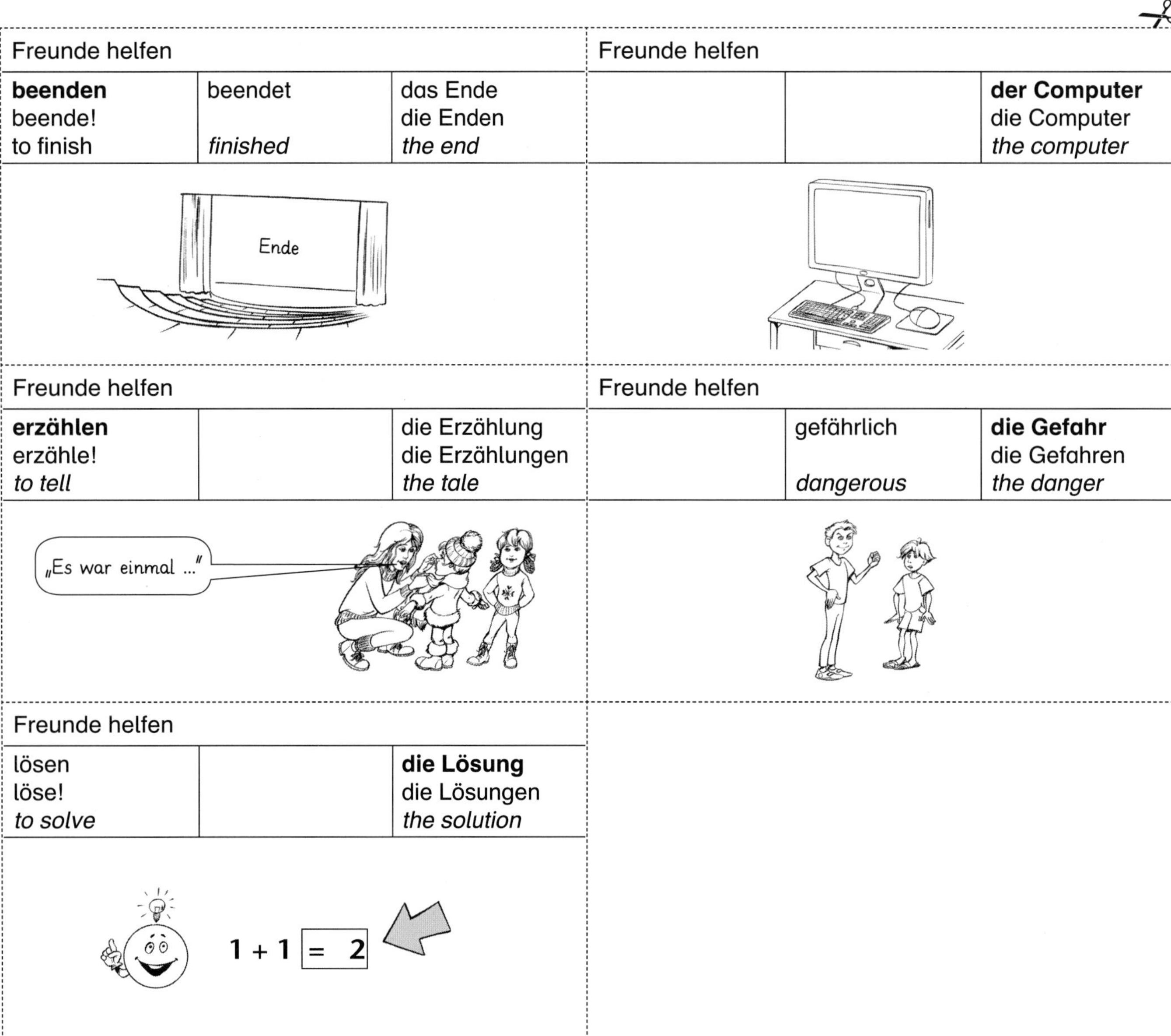

Freunde helfen		
beenden beende! to finish	beendet *finished*	das Ende die Enden *the end*

Freunde helfen		
		der Computer die Computer *the computer*

Freunde helfen		
erzählen erzähle! *to tell*		die Erzählung die Erzählungen *the tale*

Freunde helfen		
	gefährlich *dangerous*	**die Gefahr** die Gefahren *the danger*

Freunde helfen		
lösen löse! *to solve*		**die Lösung** die Lösungen *the solution*

Freunde helfen

Wenn du einen guten Freund hast, hilft (→ helfen) er dir.

1. Wobei hilft (→ helfen) dir ein Freund?
Schreibe die Wörter unter die Bilder.

Ball spielen	Streit	am Computer arbeiten	bei den Hausaufgaben helfen	traurig

2. Ein Junge sieht einen Streit. Das Mädchen ist seine Freundin. Was sagt der Junge?
Kreuze an (→ ankreuzen). Schreibe die Sätze in dein Heft.

- ☐ Beendet den Streit.
- ☐ Streitet euch.
- ☐ Gebt euch die Hand.
- ☐ Komm mit mir und sprich (→ sprechen) nicht mit ihm.
- ☐ Streiten ist nicht die Lösung.
- ☐ Streiten ist falsch.

Freunde helfen

Wenn du einen guten Freund hast, hilft (→ helfen) er dir.

1. Wie hat ein Freund dir geholfen (→ helfen)? Erzähle.
Die Wörter helfen dir. Schreibe zu jedem Wort einen Satz.

Aufgaben	Computer	Streit	Gefahr	traurig

Ein Freund hilft ______________________________.

______________________________.

______________________________.

______________________________.

______________________________.

2. Ein Junge sieht einen Streit. Das Mädchen ist seine Freundin. Was sagt der Junge?
Schreibe Sätze. Benutze die Wörter.

- beenden
- Hand geben
- streiten
- sprechen
- mit mir gehen
- nicht die Lösung
- falsch

____

____

____

____

____

____

Freunde helfen

1.

Ball spielen

Streit

traurig

bei den Hausaufgaben helfen

2. ☒ Beendet den Streit.

☐ Streitet euch.

☒ Gebt euch die Hand.

☐ Komm mit mir und sprich (→ sprechen) nicht mit ihm.

☒ Streiten ist nicht die Lösung.

☒ Streiten ist falsch.

1. Ein Freund hilft (→ helfen) bei den Hausaufgaben.
Ein Freund hilft mit dem Computer.
Ein Freund hilft beim Streit.
Ein Freund hilft bei Gefahr.

2. Beendet den Streit.
Gebt euch die Hand.
Geh mit mir und sprich nicht mit ihm.
Streiten ist nicht die Lösung.
Streiten ist falsch.

Freunde machen stark

Freunde machen stark

	alleine *alone*	

Freunde machen stark

ärgern ärgere! *to annoy*		der Ärger – *the anger*

Freunde machen stark

(sich) mögen – *to like*		

Freunde machen stark

	mutig *courageous*	**der Mut** – *the courage*

Freunde machen stark

	schwach *weak*	die Schwäche die Schwächen *the weakness*

Freunde machen stark

(sich) treffen triff dich! *to meet*		das Treffen die Treffen *the meeting*

Schön, dich zu treffen!

Freunde machen stark

1. Beschreibe die Bilder mit den Wörtern.

traurig	Angst	schlecht	lachen	alleine	stark

Anatoli

Anatoli und Lukas

____

____

____

____

2. Schreibe die Wörter in die Lücke.

Freund	alleine	stark	gemeinsam
lachen	sprechen	traurig	Angst

Anatoli hat einen ______________. Der Freund ist Lukas.

Mit seinem Freund ist Anatoli nicht ______________.

Sie machen vieles ____________________:

Sie _____________ und __________________.

Zusammen sind Anatoli und Lukas ____________.

Anatoli hat keine ______________ mehr.

Anatoli ist nicht mehr ________________.

Freunde machen stark

1. Markiere für dich wichtige Wörter.

Lukas ist alleine. Er hat Angst. Er will sprechen und lachen.
Lukas hat einen Freund. Der Freund heißt Benin. Benin und Lukas treffen sich.
Lukas lacht. Er spielt und spricht mit Benin. Er ist jetzt stark.
Benin hilft (→ helfen) Lukas.

2. Betrachte die drei Bilder. Beschreibe mit den Wörtern.

alleine Angst ärgern Freund kommen lachen spielen
sprechen stark gemeinsam schwach gehen

Ben und Kevin

Kevin und Carlo

Kevin und Carlo

3. Ein Freund macht stark. Betrachte die Bilder in Aufgabe 2.
Streiche die falschen Sätze durch (→ durchstreichen).
Schreibe die richtigen Sätze neu.

Kevin und Carlo sind Freunde. ______________________

Sie mögen sich. ______________________

Kevin hat Angst. ______________________

Carlo ärgert Ben. ______________________

Carlo hilft (→ helfen) Kevin. ______________________

Kevin ist nicht alleine. ______________________

Wenn Ben kommt, ist Kevin stark. ______________________

Carlo macht seinem Freund Mut. ______________________

Wenn Carlo kommt, ist Kevin schwach. ______________________

Carlo und Kevin lachen. ______________________

Freunde machen stark

1. Beispiele:

Anatoli ist traurig. Anatoli hat Angst. Anatoli ist alleine. Anatoli geht es schlecht. Anatoli lacht, sein Freund Lukas lacht. Anatoli ist nicht alleine. Anatoli ist stark.

2. Anatoli hat einen Freund. Der Freund ist Lukas.
Mit seinem Freund ist Anatoli nicht alleine.
Sie machen vieles gemeinsam: Sie lachen und sprechen.
Zusammen sind Anatoli und Lukas stark.
Anatoli hat keine Angst mehr.
Anatoli ist nicht mehr traurig.

1. Lukas ist alleine. Er hat Angst. Er will sprechen und lachen.
Lukas hat einen Freund. Der Freund heißt Benin. Benin und Lukas treffen sich.
Lukas lacht. Er spielt und spricht mit Benin. Er ist jetzt stark.
Benin hilft (→ helfen) Lukas.

2. Beispiel:
Kevin ist alleine. Er hat Angst. Ben ärgert ihn. Kevin hat vor Ben Angst. Kevin ist schwach. Sein Freund Carlo kommt. Ben geht. Kevin und Carlo lachen, spielen zusammen und sprechen. Kevin hat keine Angst. Er ist stark.

3. Kevin und Carlo sind Freunde.

Sie mögen sich.

Kevin hat Angst.

~~Carlo ärgert Ben~~. Ben ärgert Kevin.

Carlo hilft (→ helfen) Kevin.

Kevin ist nicht alleine.

~~Wenn Ben kommt, ist Kevin stark~~. Wenn Ben kommt, ist Kevin schwach.

Carlo macht seinem Freund Mut.

~~Wenn Carlo kommt, ist Kevin schwach~~. Wenn Carlo kommt, ist Kevin stark.

Carlo und Kevin lachen.

Freunde wechseln

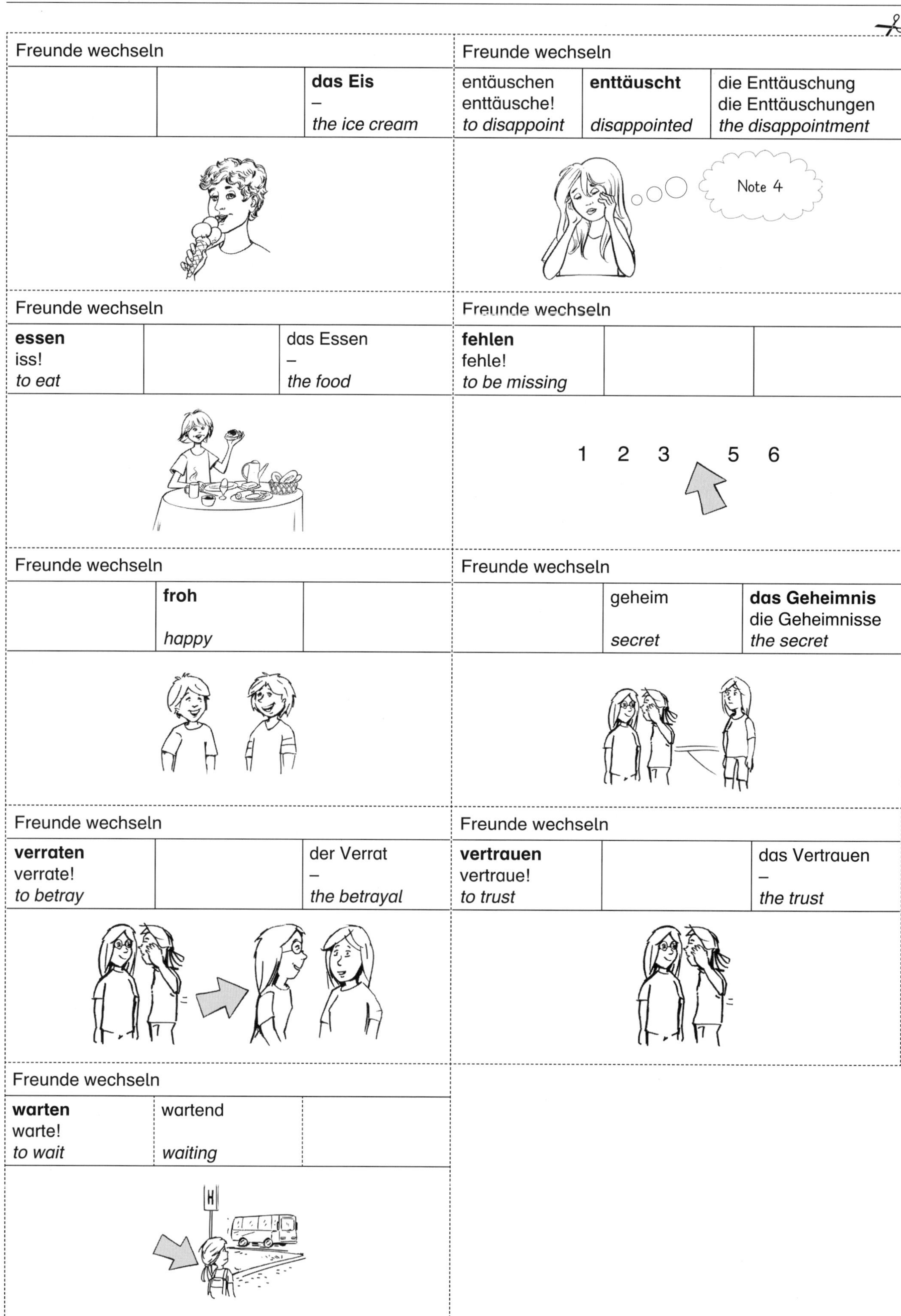

Freunde wechseln

		das Eis – *the ice cream*

Freunde wechseln

entäuschen enttäusche! *to disappoint*	**enttäuscht** *disappointed*	die Enttäuschung die Enttäuschungen *the disappointment*

Freunde wechseln

essen iss! *to eat*		das Essen – *the food*

Freunde wechseln

fehlen fehle! *to be missing*		

Freunde wechseln

	froh *happy*	

Freunde wechseln

	geheim *secret*	**das Geheimnis** die Geheimnisse *the secret*

Freunde wechseln

verraten verrate! *to betray*		der Verrat – *the betrayal*

Freunde wechseln

vertrauen vertraue! *to trust*		das Vertrauen – *the trust*

Freunde wechseln

warten warte! *to wait*	wartend *waiting*	

Freunde wechseln

1. Lies (→ lesen) die kurze Geschichte.

Anna geht schwimmen. Sie sagt es Lisa nicht. Sie sagt: Ich bin krank.
Lisa ist traurig und enttäuscht. Anna ist keine gute Freundin.
Lisa will eine andere Freundin. Sie will wieder froh sein.

2. Beschreibe das Bild. Die Wörter helfen dir.

Lisa

traurig	Freundin
fehlt	enttäuscht

____

____

____

3. Lisa hat eine neue Freundin.
Die Freundin ist Susi.
Was machen Lisa und Susi?
Schreibe in die Lücken.

Eis essen   lachen   sprechen   traurig   froh

Lisa und Susi ______________________________.

Lisa und Susi ______________________________.

Lisa und Susi ______________________________.

Lisa und Susi sind ______________________________.

Lisa ist nicht mehr ______________________________.

Freunde wechseln

1. Lies (→ lesen) die Geschichte.

Eine traurige Geschichte

Claude und Timo sind Freunde.
Timo hat mit Claude ein Geheimnis.
Claude hat das Geheimnis verraten.
Timo ist enttäuscht.
Timo vertraut Claude nicht mehr.
Timo sagt: „Claude, du bist nicht mehr mein Freund.“

2. Hat dich ein Freund enttäuscht? Zeichne ein Bild dazu.

3. Du bist nicht mehr mein Freund.
Kreuze Gründe für diesen Satz an (→ ankreuzen). Schreibe die Sätze in dein Heft.

- ☐ Der Freund hat ein Geheimnis verraten.
- ☐ Der Freund wartet.
- ☐ Der Freund streitet oft mit dir.
- ☐ Du bist von deinem Freund enttäuscht.
- ☐ Der Freund spielt mit dir.
- ☐ Der Freund hat keine Zeit.
- ☐ Du wartest, der Freund kommt nicht.

Freunde wechseln

2. Lisa ist traurig.
   Die Freundin fehlt.
   Lisa ist enttäuscht.
   Lisa will eine andere Freundin.

3. Lisa und Susi essen Eis.
   Lisa und Susi sprechen.
   Lisa und Susi lachen.
   Lisa und Susi sind froh.
   Lisa ist nicht mehr traurig.

3. ☒ Der Freund hat ein Geheimnis verraten.
   ☐ Der Freund wartet.
   ☒ Der Freund streitet oft mit dir.
   ☒ Du bist von deinem Freund enttäuscht.
   ☐ Der Freund spielt mit dir.
   ☒ Der Freund hat keine Zeit.
   ☒ Du wartest, der Freund kommt nicht.

Konflikte überall

Konflikte überall		
		der Autofahrer die Autofahrer *the driver*

Konflikte überall		
		das Haus die Häuser *the house*

Konflikte überall		
schreien schreie! *to shout*	schreiend *shouting*	der Schrei die Schreie *the shout*

Konflikte überall		
		der Spielplatz die Spielplätze *the playground*

Konflikte überall

1. Betrachte das Bild. Was machen Marie und Ben?
Schreibe. Die Wörter helfen dir.

das Buch	nein	falsch	lügen	geben

2. Was machen Marie und Ben in Aufgabe 1? Kreuze an (→ ankreuzen).

- ☐ Sie spielen nicht.
- ☐ Sie singen.
- ☐ Sie lachen.
- ☐ Sie streiten.
- ☐ Sie schreien.

3. Du hast Streit mit einem Freund. Wie fühlst du dich? Zeichne ein Bild.

Konflikte überall

1. Betrachte das Bild. Marie und Ben streiten. Was sagen sie?

2. Streit gibt es jeden Tag. Schreibe Sätze wie im Beispiel. Die Wörter helfen dir.

Kinder	Spielpatz	Ball	Haus
Schüler	Klassenzimmer	Stuhl	aufräumen
Eltern	Pausenhof	Parkplatz	
Autofahrer	Straße	streiten	

Beispiel:
Die Kinder streiten auf dem Spielpatz. Jeder will mit dem Ball spielen.

3. Wo hast du Streit erlebt? Zeichne ein Bild und beschrifte es.

Konflikte überall

1.

2.

- [x] Sie spielen nicht.
- [ ] Sie lachen.
- [ ] Sie schreien.
- [ ] Sie singen.
- [x] Sie streiten.

2. Die Kinder streiten auf dem Pausenhof.
Die Schüler streiten im Klassenzimmer. Jeder will den Stuhl.
Die Eltern streiten im Haus. Jeder soll aufräumen.
Die Autofahrer streiten auf der Straße. Jeder will den Parkplatz.

Streitursachen

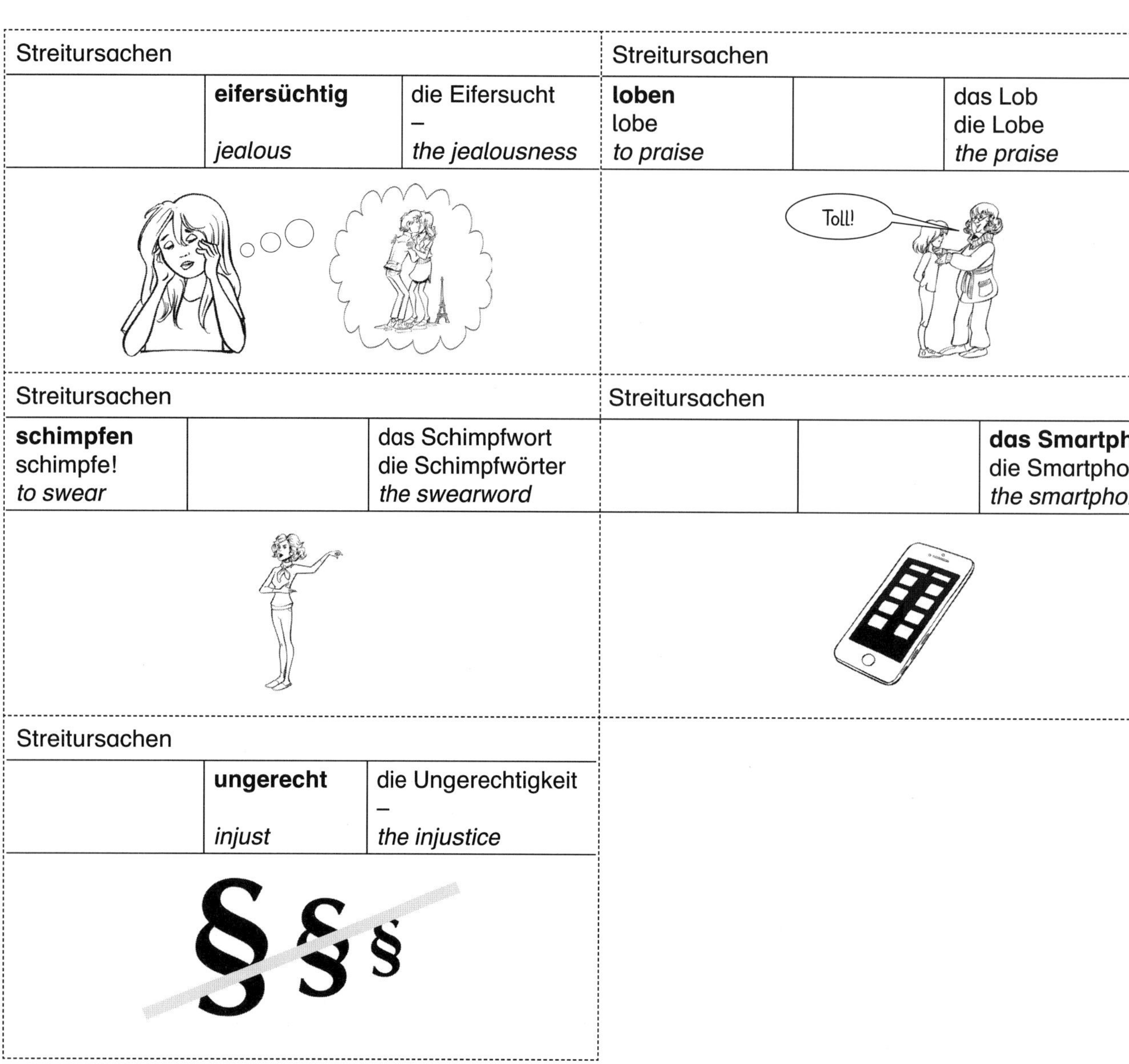

Streitursachen

	eifersüchtig *jealous*	die Eifersucht – *the jealousness*

Streitursachen

loben lobe *to praise*		das Lob die Lobe *the praise*

Streitursachen

schimpfen schimpfe! *to swear*		das Schimpfwort die Schimpfwörter *the swearword*

Streitursachen

		das Smartphone die Smartphones *the smartphone*

Streitursachen

	ungerecht *injust*	die Ungerechtigkeit – *the injustice*

Streitursachen

1. Warum streiten die Kinder? Markiere wichtige Wörter.

a) Alma und Anna streiten. Alma hat die Stifte von Anna.
b) Mia und Lena streiten. Mia hat Angst. Sie will nicht schwimmen.
c) Ben und Luka streiten. Ben hat ein neues Smartphone. Luka ist eifersüchtig.
d) Max und Leon streiten. Leon sagt: „Max lügt."
e) Lea und Jonas streiten. Der Lehrer lobt Jonas, Lea lobt er nicht.

2. Leon und Lena streiten in der Pause. Beschreibe das Bild.
Die Wörter helfen dir.

streiten	eifersüchtig	Max	ungerecht	Schimpfwörter	traurig
gestern	Sport machen				

Lena ____

____

____

____

____

3. Wann war dein letzter Streit? Was war der Grund? Zeichne ein Bild.

Streitursachen

1. Warum streiten die Kinder? Markiere wichtige Wörter.
Schreibe Sätze. Das Beispiel hilft (→ helfen) dir.

a) Alma und Anna streiten. Alma hat die Stifte von Anna.
b) Mia und Lena streiten. Mia hat Angst. Sie will nicht schwimmen.
c) Ben und Luka streiten. Ben hat ein neues Smartphone.
d) Max und Leon streiten. Leon sagt: Max lügt.
e) Lea und Jonas streiten. Der Lehrer lobt Jonas, Lea lobt er nicht.

Beispiel:
Alma und Anna streiten, weil Alma die Stifte von Anna hat.

____

____

____

____

____

____

2. Warum streiten die Kinder? Verbinde.
Die Sätze aus Aufgabe 1 helfen dir.

a) Alma und Anna streiten, ○	○ weil der Lehrer ungerecht ist.
b) Mia und Lena streiten, ○	○ weil Ben ist eifersüchtig.
c) Ben und Luka streiten, ○	○ weil Alma die Stifte von Anna hat.
d) Max und Leon streiten, ○	○ weil Mia hat Angst.
e) Lea und Jonas streiten, ○	○ weil Max lügt.

3. Tim und Leon streiten. Schreibe ein gutes Ende für den Streit.
Tim hat ein neues Smartphone. Er zeigt das Smartphone seinen Freunden.
Leon sagt: „Das Smartphone ist schlecht."
Tim ist wütend. Er sagt Schimpfwörter (→ Schimpfwort).

____

____

____

Streitursachen

1. a) Alma und Anna streiten. Alma hat die Stifte von Anna.
   b) Mia und Lena streiten. Mia hat Angst. Sie will nicht schwimmen.
   c) Ben und Luka streiten. Ben hat ein neues Smartphone. Luka ist eifersüchtig.
   d) Max und Leon streiten. Leon sagt: Max lügt.
   e) Lea und Jonas streiten. Der Lehrer lobt Jonas, Lea lobt er nicht.

2. Lena streitet mit Leon. Sie wollten gestern zusammen Sport machen. Leon hat aber mit Max Sport gemacht. Lena findet das ungerecht und sie ist eifersüchtig. Lena ist traurig und sagt Schimpfwörter (→ Schimpfwort).

---

1. a) Alma und Anna streiten, weil Alma die Stifte von Anna hat.
   b) Mia und Lena streiten, weil Mia Angst hat.
   c) Ben und Luka streiten, weil Ben eifersüchtig ist.
   d) Max und Leon streiten, weil Max lügt.
   e) Lea und Jonas streiten, weil der Lehrer ungerecht ist.

2.
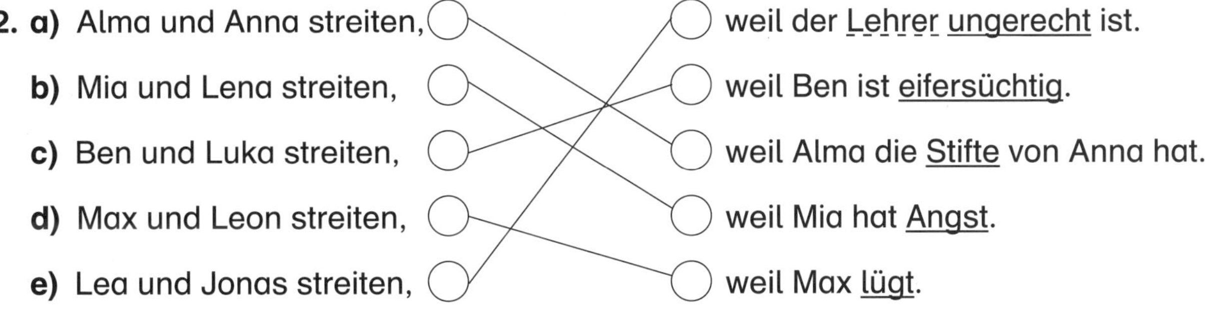

3. Leon sagt auch Schimpfwörter (→ Schimpfwort). Ella kommt. Sie fragt: Warum streitet ihr? Leon und Tim wissen es nicht mehr. Alle lachen. Leon und Tim geben sich die Hand.

Streit ist schlimm

Streit ist schlimm

		der Bauchschmerz **die Bauchschmerzen** *the stomach ache*

Streit ist schlimm

	einsam *lonely*	

Streit ist schlimm

fühlen fühle! *to feel*		das Gefühl die Gefühle *the feeling*

Streit ist schlimm

		das Gesicht die Gesichter *the face*

Streit ist schlimm

	kurz *short*	

Streit ist schlimm

	schadenfroh *spiteful*	die Schadenfreude *the spitefulness*

Streit ist schlimm

verstecken verstecke! *to hide*	versteckt *hidden*	das Versteck die Verstecke *the hiding place*

Streit ist schlimm

1. Betrachte die Gesichter. Schreibe das richtige Wort unter die Gesichter.

Menschen haben Streit. Sie sind ...

__________ __________ __________ __________

traurig	ängstlich	schadenfroh	wütend

2. Wenn Menschen Streit haben, fühlen sie den Streit.
Schreibe die Wörter in die Lücken.

Bauchschmerzen	Angst	traurig	wütend	schadenfroh	einsam

Wenn ich Streit habe, habe ich ____________________.

Wenn ich Streit habe, habe ich ____________________.

Wenn ich Streit habe, bin ich ____________________.

Wenn ich Streit habe, bin ich ____________________.

Wenn ich Streit habe, bin ich ____________________.

Wenn ich Streit habe, bin ich ____________________.

3. Du hast Streit. Wie fühlst du dich? Schreibe dein Gefühl in die Lücke. Zeichne ein Bild.

Ich habe Streit mit meinem Freund. Ich bin _______________.

Streit ist schlimm

1. Lies (→ lesen) die vier kurzen Geschichten. Markiere wichtige Wörter.

a) Hanna ist schadenfroh. Sie hat die Tasche von Lena versteckt.
b) Tim ist wütend. Er soll die Aufgaben machen, weil er nicht zugehört hat.
c) Max hat Angst, dass Leon ihn ärgert, weil sie Streit haben.
d) Anna ist traurig. Luca streitet sich immer noch mit ihr.

2. In jeder Geschichte aus Aufgabe 1 wird ein Gefühl beschrieben (→ beschreiben). Ordne die Geschichten den Gesichtern zu. Schreibe **a)** bis **d)** unter die Gesichter.

______ ______ ______ ______

3. Wenn Menschen Streit haben, fühlen sie den Streit. Schreibe mit den Wörtern fünf Sätze in dein Heft.

Bauchschmerzen	Angst	traurig	wütend	schadenfroh	einsam

4. Du hast Streit. Wie fühlst du dich? Zeichne ein Bild.

Streit ist schlimm

1.

traurig — ängstlich — wütend — schadenfroh

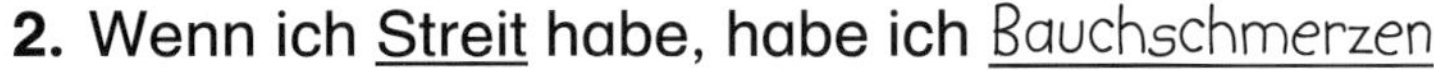

2. Wenn ich Streit habe, habe ich Bauchschmerzen.

Wenn ich Streit habe, habe ich Angst.

Wenn ich Streit habe, bin ich traurig.

Wenn ich Streit habe, bin ich schadenfroh.

Wenn ich Streit habe, bin ich wütend.

Wenn ich Streit habe, bin ich einsam.

1. a) Hanna ist schadenfroh. Sie hat die Tasche von Lena versteckt.

b) Tim ist wütend. Er soll die Aufgaben machen, weil er nicht zugehört hat.

c) Max hat Angst, dass Leon ihn ärgert, weil sie Streit haben.

d) Anna ist traurig. Luca streitet sich immer noch mit ihr.

d) — c) — b) — a)

3. Wenn Menschen Streit haben, haben sie manchmal Bauchschmerzen.

Wenn ich Streit habe, habe ich Angst.

Wenn ich Streit habe, bin ich traurig und einsam.

Wenn ich Streit habe, bin ich schadenfroh.

Wenn ich Streit habe, bin ich wütend.

Sich versöhnen

Sich versöhnen		
ansehen sieh an! *to look at*		

Sich versöhnen		
(sich) entschuldigen entschuldige dich! *to apologise*		die Entschuldigung die Entschuldigungen *the apology*

Sich versöhnen		
	erleichtert *relieved*	

Sich versöhnen		
	froh *happy*	

Sich versöhnen		
(sich) vertragen vertrage dich! *to agree*		

Sich versöhnen

1. Markiere wichtige Wörter. Schreibe sie in dein Heft.

Toni und Max streiten. Sie sind nicht froh.

Sie sprechen miteinander und sagen: „Entschuldigung."

Sie lachen und vertragen sich. Sie sind froh.

2. Max und Toni wollen sich vertragen. Verbinde die Kästchen mit den Bildern.

sich die Hand geben

sich entschuldigen

sich umarmen

lachen

spielen

sprechen

3. Du hast dich nach einem Streit mit deinem Freund wieder vertragen.
Wie fühlst du dich? Zeichne ein Bild.

Sich versöhnen

1. Schreibe eine Geschichte zu den zwei Bildern in dein Heft.
Die Wörter helfen dir.

streiten nicht froh sprechen sich entschuldigen sich vertragen sich umarmen froh sein sich verstehen

Toni Max

Max Toni

2. Was machen Menschen, wenn sie sich vertragen? Schreibe Sätze.

Sie geben sich ______________________________

____

____

______________________________.

3. Toni und Max haben sich vertragen.
Was machen sie und wie fühlen sie sich? Kreuze an (→ ankreuzen).
Schreibe die richtigen Sätze. Schreibe die falschen Sätze neu.

- ☐ Sie lachen
- ☐ Sie sind froh
- ☐ Sie sehen sich nicht an (→ ansehen).
- ☐ Sie sprechen.
- ☐ Sie umarmen sich.
- ☐ Sie sind erleichtert.
- ☐ Sie streiten.
- ☐ Sie sind einsam.

____

____

____

Sich versöhnen

1. Toni und Max streiten. Sie sind nicht froh.

Sie sprechen miteinander und sagen: „Entschuldigung."

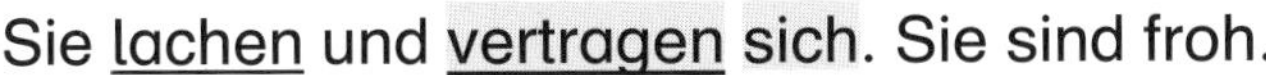

Sie lachen und vertragen sich. Sie sind froh.

2.

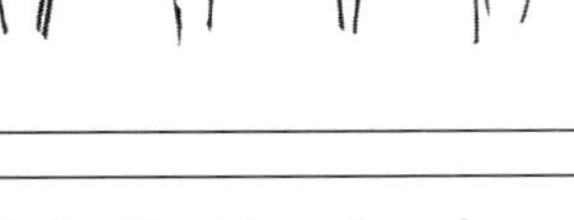

sich die Hand geben

sich entschuldigen

sich umarmen

lachen

spielen

sprechen

1. Toni und Max streiten. Sie sind nicht froh. Sie sprechen und vertragen sich. Sie entschuldigen sich. Sie umarmen sich. Jetzt sind sie wieder froh. Sie verstehen sich.

2. Sie geben sich die Hand. Menschen entschuldigen sich. Menschen sprechen über den Streit. Menschen umarmen sich. Menschen vertragen sich.

3.
- [x] Sie lachen
- [x] Sie sind froh
- [ ] Sie sehen sich nicht an (→ ansehen).
- [x] Sie sprechen.
- [x] Sie umarmen sich.
- [x] Sie sind erleichtert.
- [ ] Sie streiten.
- [ ] Sie sind einsam.

Sie sehen sich an.
Sie streiten nicht.
Sie sind nicht einsam.

Schilder verstehen

Schilder verstehen

		der Aufzug die Aufzüge *the lift*

Schilder verstehen

		der Bus die Busse the bus

Schilder verstehen

		der Feuerlöscher die Feuerlöscher *the extinguisher*

Schilder verstehen

rauchen rauche! *to smoke*		der Rauch – *the smoke*

Schilder verstehen

		die Rolltreppe die Rolltreppen *the escalator*

Schilder verstehen

telefonieren telefoniere! *to phone*		das Telefon die Telefone *the phone*

Schilder verstehen

		die Toilette die Toiletten *the toilet*

Schilder verstehen

		die Treppe die Treppen *the stairs*

Arbeitsblatt

Schilder verstehen

1. Was bedeuten die Schilder? Zeichne Bilder und schreibe.

a) Schwimmen verboten!

b) Spielen erlaubt!

c) Parkplatz

a) Im See ______________________________.

b) Auf der Wiese ______________________________.

c) Auf dem Parkplatz ______________________________.

2. Schilder muss der Mensch lesen können. Was bedeuten die Schilder?
Ordne die Ziffern 1 bis 5 zu (→ zuordnen). Schreibe unter die Schilder.

______ ______ ______ ______ ______

① Hier kann man Abfall wegschmeißen.
② Hier können Frauen auf Toilette gehen.
③ Hier kann man Kaffee kaufen.
④ Hier kann man telefonieren.
⑤ Hier können Männer auf Toilette gehen.

3. Zeichne das Schild: Radweg benutzen

Schilder verstehen

1. Regeln kannst du auf Schildern sehen.
Schreibe zu den Schildern.

2. Diese Schilder siehst (→ sehen) du oft im Alltag. Was bedeuten sie?
Ordne die Schilder den Wörtern zu (→ zuordnen).

- Parkplatz
- Rauchen verboten
- Aufzug
- Treppe
- Feuerlöscher
- Keine Hunde
- Rolltreppe
- Bus

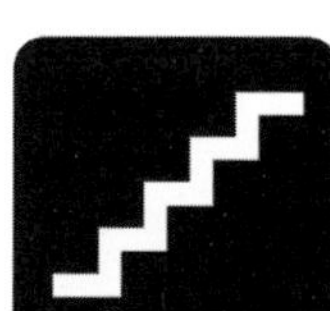

3. Zeichne die zwei Schilder.

Radweg benutzen

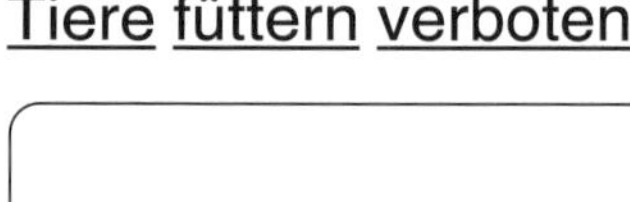

Tiere füttern verboten

Lösung

Schilder verstehen

1. Im See ist schwimmen verboten.
   Auf der Wiese ist spielen erlaubt.
   Auf dem Parkplatz kann man parken.

2.

1	4	3	2	5

1.  Hier kann man Abfall wegschmeißen.

   Hier kann man telefonieren.

    Hier können Frauen auf Toilette gehen.

    Hier kann man Kaffee kaufen.

    Hier können Männer auf Toilette gehen.

2.

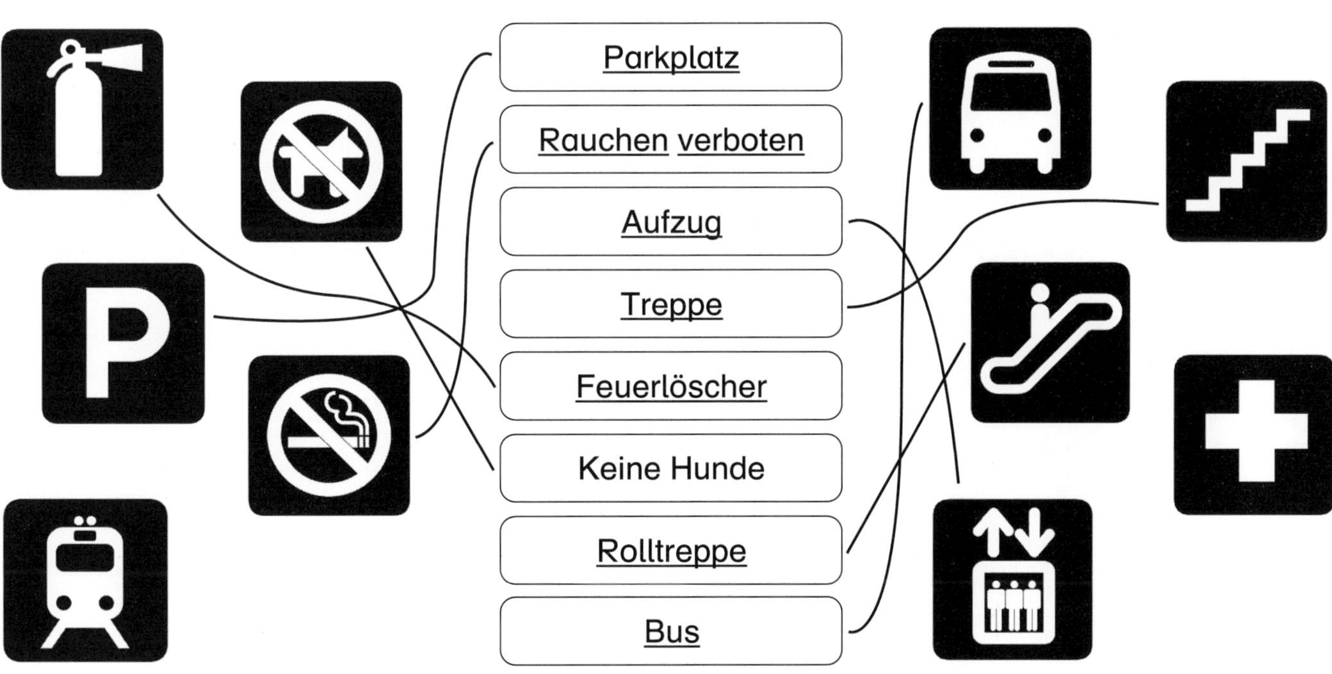

Regeln überall

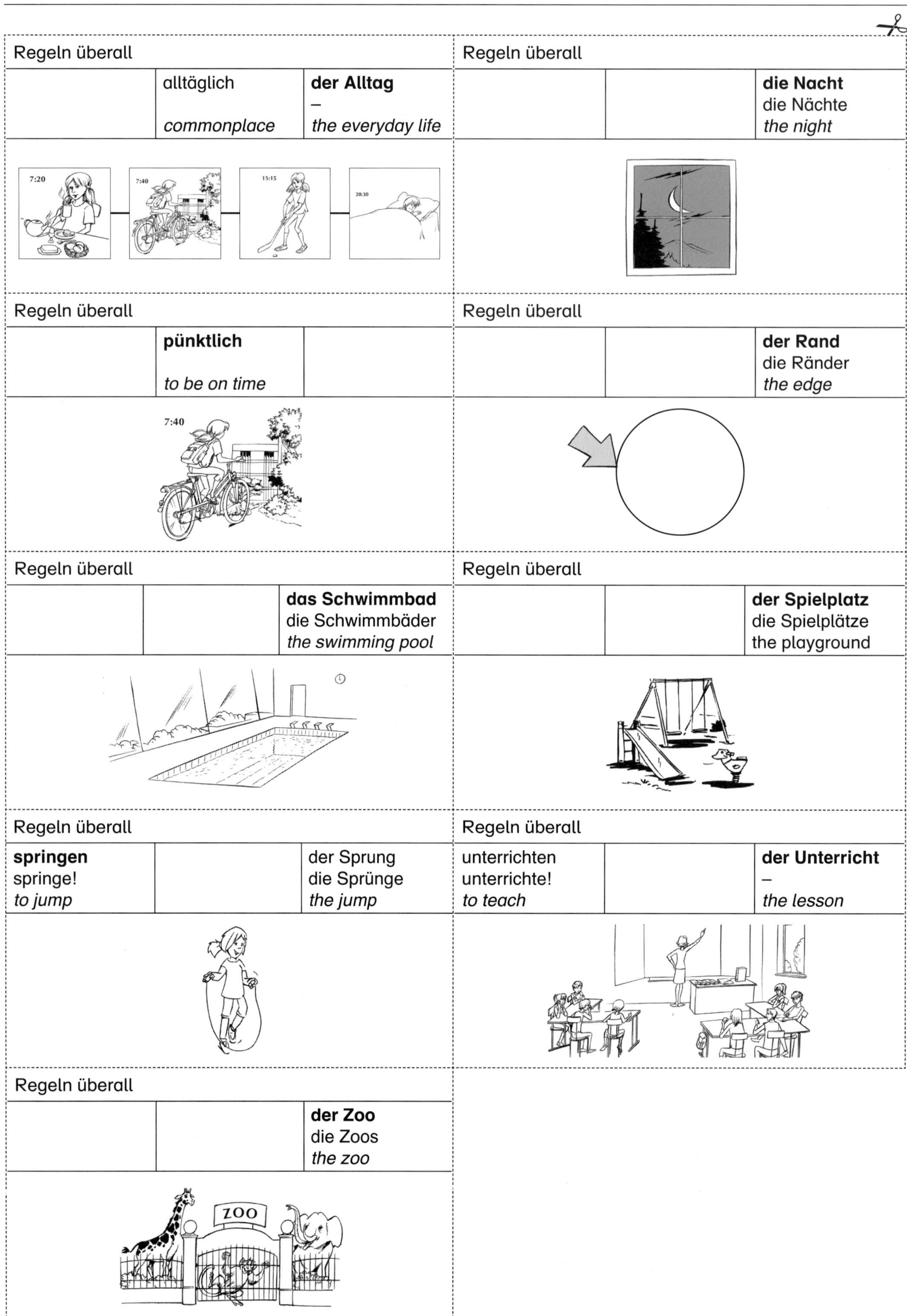

Regeln überall

1. Markiere wichtige Wörter. Schreibe sie in dein Heft.

Regeln sind wichtig. In der Familie räumen wir auf (→ aufräumen), arbeiten gemeinsam und hören auf die Eltern. Wir sind pünktlich und helfen uns.
In der Schule melden wir uns, wir machen Hausaufgaben und arbeiten gut mit.

2. Betrachte die Bilder auf den Schildern. Schreibe zu jedem Schild.

a) 

b) 

c) 

a) Das Schild bedeutet ______________________________

____

____

3. Ordne die Wörter und schreibe sie in die Kästchen.

Ordnung	sich melden	richtig parken	langsam fahren	pünktlich sein
Hausaufgaben machen	einkaufen	nicht überholen	schreiben	

Regeln in der Familie:	**Regeln in der Schule:**	**Regeln auf der Straße:**

Regeln überall

1. Markiere die wichtigen Wörter und schreibe sie in dein Heft.

Regeln sind wichtig. In der Familie räumen wir auf (→ aufräumen), arbeiten gemeinsam und hören auf die Eltern. Wir sind pünktlich und helfen uns.
In der Schule melden wir uns, wir machen Hausaufgaben und arbeiten gut mit.

2. Regeln im Alltag: Verbinde die Kästchen richtig. Schreibe Sätze.

Schwimmbad	nicht vom Rand springen
Zoo	nicht streiten
Nacht	keine Tiere füttern
Spielen	nicht laut sein
Schule	nicht im Unterricht sprechen

Im Schwimmbad ______________________________.

______________________________.

______________________________.

______________________________.

______________________________.

3. Tom geht heute in den Zoo. Er hat Futter dabei. Bei den Affen sieht er ein Schild.
Was soll er tun? Schreibe auf.

______________________________.

______________________________.

______________________________.

Regeln überall

1. Regeln sind wichtig. In der Familie räumen wir auf (→ aufräumen), arbeiten gemeinsam und hören auf die Eltern. Wir sind pünktlich und helfen uns. In der Schule melden wir uns, wir machen Hausaufgaben und arbeiten gut mit.

2. **a)** Das Schild bedeutet Parkplatz. Hier stehen Autos.

   b) Das Schild bedeutet Schule. Hier gehen Schüler hinein.

   c) Das Schild bedeutet Spielplatz. Hier spielen Kinder.

3.

Regeln in der Familie:	**Regeln in der Schule:**	**Regeln auf der Straße:**
Ordnung einkaufen	sich melden pünktlich sein Hausaufgaben machen schreiben	richtig parken langsam fahren nicht überholen

---

1. Regeln sind wichtig. In der Familie räumen wir auf (→ aufräumen), arbeiten gemeinsam und hören auf die Eltern. Wir sind pünktlich und helfen uns. In der Schule melden wir uns, wir machen Hausaufgaben und arbeiten gut mit.

2.

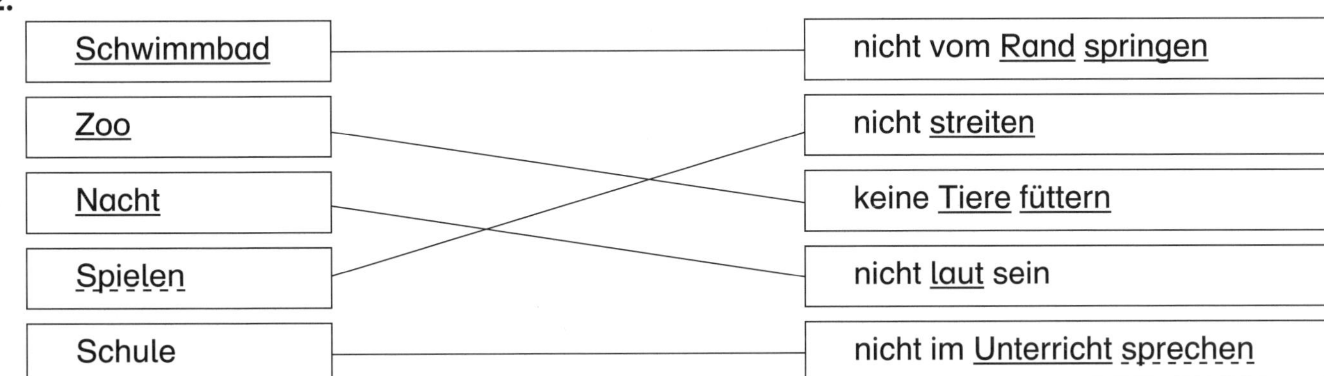

Im Schwimmbad dürfen die Kinder nicht vom Rand springen.
Im Zoo dürfen die Menschen keine Tiere füttern.
In der Nacht sollen die Menschen nicht laut sein.
Beim Spielen sollen die Kinder nicht streiten.
In der Schule sollen die Kinder nicht im Unterricht sprechen.

3. Tom darf die Affen nicht füttern. Die Regel ist wichtig. Sie schützt die Affen.

Regeln sind wichtig

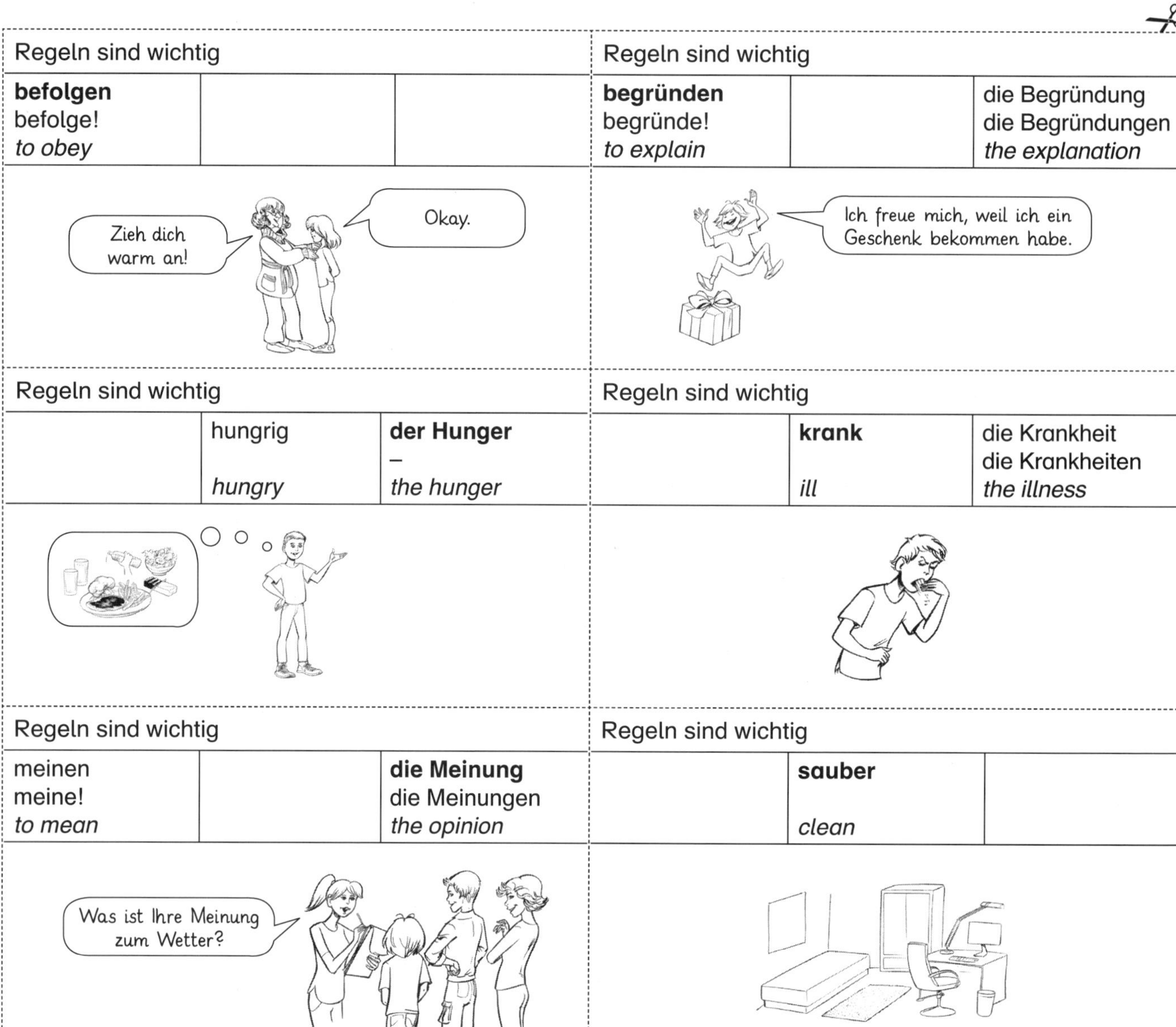

Regeln sind wichtig

befolgen befolge! *to obey*		

Regeln sind wichtig

begründen begründe! *to explain*		die Begründung die Begründungen *the explanation*

Regeln sind wichtig

	hungrig *hungry*	**der Hunger** – *the hunger*

Regeln sind wichtig

	krank *ill*	die Krankheit die Krankheiten *the illness*

Regeln sind wichtig

meinen meine! *to mean*		**die Meinung** die Meinungen *the opinion*

Regeln sind wichtig

	sauber *clean*	

Regeln sind wichtig

Tim und Susi wollen schwimmen. Sie gehen zum See. Sie sehen ein Schild:
Schwimmen im See verboten!
Tim und Susi sind wütend. Susi sagt: „Ich schwimme im See."

1. Schwimmen verboten: Markiere wichtige Wörter. Macht Susi es richtig? Begründe deine Meinung.

____

____

2. Am See steht das Schild: **Tiere füttern verboten!**
Warum ist das Schild richtig? Kreuze an (→ ankreuzen).

- ☐ Die Tiere haben Hunger.
- ☐ Die Tiere finden Futter im und am See.
- ☐ Die Tiere können krank werden.
- ☐ Die Menschen werden wütend.
- ☐ Die Menschen sollen die Regel befolgen.

3. Warum sind Regeln wichtig? Schreibe Sätze. Die Wörter helfen dir.

Regeln	Menschen	verboten	nicht machen	richtig handeln	Schilder	falsch

____

____

____

____

Regeln sind wichtig

1. Regeln in der Schule: Markiere wichtige Wörter.
Schreibe eine Ordnung für die Schulklasse.

Ali ist neu in der Schulklasse. Der Lehrer nennt ihm wichtige Regeln:

Die Schüler müssen pünktlich sein.
Laufen durch die Schule ist verboten.
Die Schüler melden sich, wenn sie etwas sagen wollen.
Streiten auf dem Pausenhof ist verboten.
Das Klassenzimmer soll sauber sein.
Nach der Schule machen die Schüler ihre Aufgaben.

Ordnung für die Klasse

Pünktlich sein ______________________________

____

____

2. Ein Schüler sagt: „Wir brauchen in der Schulklasse keine Regeln."
Was wird dann falsch sein? Beschreibe. Die Sätze aus Aufgabe 1 helfen dir.

Die Schüler sind nicht ______________________________

____

____

____

______________________________.

3. Welche Regeln sind in der Familie wichtig? Schreibe fünf Regeln.
Die Wörter helfen dir.

pünktlich	helfen	Ordnung	streiten	Aufgabe

____

____

____

____

Regeln sind wichtig

1. Tim und Susi wollen schwimmen. Sie gehen zum See.
   Sie sehen ein Schild: **Schwimmen im See verboten**
   Tim und Susi sind wütend. Susi sagt: „Ich schwimme im See.“

   Susi darf nicht schwimmen. Es ist verboten. Es kann gefährlich sein. Das Schild ist wichtig. …

2. ☐ Die Tiere haben Hunger.
   ☒ Die Tiere finden Futter im und am See.
   ☒ Die Tiere können krank werden.
   ☐ Die Menschen werden wütend.
   ☒ Die Menschen sollen die Regel befolgen.

3. Regeln sind wichtig. Mit Schildern werden Dinge verboten.
   Die Menschen sollen richtig handeln. Die Menschen sollen nichts falsch machen.

---

1. Die Schüler müssen pünktlich sein.
   Laufen durch die Schule ist verboten.
   Die Schüler melden sich, wenn sie etwas sagen wollen.
   Streiten auf dem Pausenhof ist verboten.
   Das Klassenzimmer soll sauber sein.
   Nach der Schule machen die Schüler ihre Aufgaben.

   Ordnung für die Schulklasse: pünktlich sein – laufen verboten – sich melden – kein Streit auf dem Pausenhof – Klassenzimmer sauber halten – Aufgaben machen

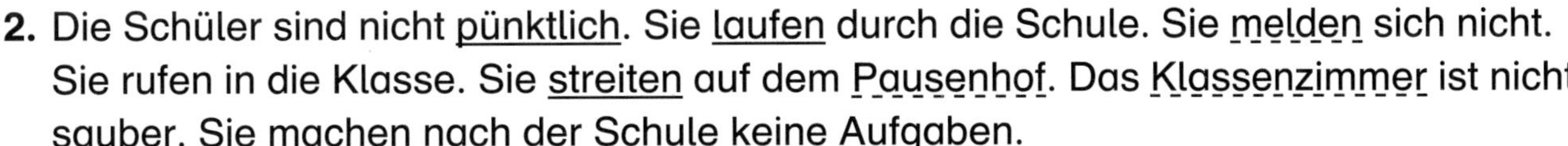

2. Die Schüler sind nicht pünktlich. Sie laufen durch die Schule. Sie melden sich nicht. Sie rufen in die Klasse. Sie streiten auf dem Pausenhof. Das Klassenzimmer ist nicht sauber. Sie machen nach der Schule keine Aufgaben.

3. In der Familie sind wir pünktlich.
   In der Familie helfen wir uns.
   In der Familie haben wir Ordnung.
   In der Familie streiten wir uns nicht.
   In der Familie hat jeder seine Aufgabe.

Regeln prüfen

Regeln prüfen

		die Ente die Enten *the duck*

Regeln prüfen

		das Feuer die Feuer *the fire*

Regeln prüfen

grillen grill! *to grill*		der Grill die Grills *the grill*

Regeln prüfen

kaufen kaufe! *to buy*		der Kauf die Käufe *the purchase*

Regeln prüfen

	laut *loud*	

Regeln prüfen

	leise *quiet*	

Regeln prüfen

		der Mann die Männer *the man*

Regeln prüfen

prüfen prüfe! *to examine*		die Prüfung die Prüfungen *the exam*

1 + 5 = 6

Prüfung: 5 + 1 = 6

Regeln prüfen

		der Schrank die Schränke *the cupboard*

Regeln prüfen

1. Lies (→ lesen) die Schilder. Prüfe die Regeln. Was bedeuten sie? Ist ein Schild falsch? Schreibe.

a) Die Schüler der Klasse 7a sind auf einer Wiese. Sie sehen 2 Schilder:

Grillen erlaubt!

b) Die Schüler der Klasse 7b sind am See. Sie sehen 2 Schilder:

Hier Futter kaufen!

2. In einem Klassenzimmer stehen diese Regeln an der Tafel. Lies (→ lesen) die Regeln.

a) Überprüfe die Regeln. Streiche die falschen Regeln durch (→ durchstreichen).
b) Schreibe die richtigen Regeln. Schreibe die falschen Regeln neu.

	Laut sein im Klassenzimmer ist erlaubt. Die Ordner stehen im Schrank. Die Stühle stehen auf dem Tisch. Lineal benutzen ist verboten. Streiten ist in der Pause erlaubt. Stifte sind im Papierkorb.	

Regeln prüfen

1. In einem Klassenzimmer stehen diese Regeln an der Tafel. Lies (→ lesen) die Regeln.

a) Überprüfe die Regeln. Streiche die falschen Regeln durch (→ durchstreichen).
b) Schreibe die richtigen Regeln. Schreibe die falschen Regeln neu.

	Die Schüler rechnen leise. Laut sein im Klassenzimmer ist erlaubt. Die Ordner stehen im Schrank. Die Stühle stehen auf dem Tisch. Lineal benutzen ist verboten. Streiten ist in der Pause erlaubt. Stifte sind im Papierkorb. Das Klassenzimmer muss in Ordnung sein. Abfälle kommen in den Papierkorb.	

2. Schreibe zu dem Bild eine Geschichte. Benutze die Wörter.

See	Enten	Füttern verboten	Schild	kaufen	füttern	Mann	schimpfen

Regeln prüfen

1. a) Grillen ist erlaubt. Ich darf kein Feuer machen. 1 Schild ist falsch.
   b) Tiere füttern ist verboten. Ich kann hier Futter kaufen. 1 Schild ist falsch.

2. ~~Laut sein im Klassenzimmer ist erlaubt~~. Laut sein im Klassenzimmer ist verboten.
   Die Ordner stehen im Schrank.
   Die Stühle stehen auf dem Tisch.
   ~~Lineal benutzen ist verboten~~. Lineal benutzen ist wichtig.
   ~~Streiten ist in der Pause erlaubt~~. Streiten in der Pause ist verboten.
   ~~Stifte sind im Papierkorb~~. Stifte sind nicht im Papierkorb.

1. Die Schüler rechnen leise.
   ~~Laut sein im Klassenzimmer ist erlaubt~~. Laut sein im Klassenzimmer ist verboten.
   Die Ordner stehen im Schrank.
   Die Stühle stehen auf dem Tisch.
   ~~Lineal benutzen ist verboten~~. Lineal benutzen ist wichtig.
   ~~Streiten ist in der Pause erlaubt~~. Streiten in der Pause ist verboten.
   ~~Stifte sind im Papierkorb~~. Stifte sind nicht im Papierkorb.
   Das Klassenzimmer muss in Ordnung sein.
   Alle Abfälle kommen in den Papierkorb.

2. Beispiel:

   Auf einem See sind viele Enten. Tim und Lena sehen die Enten. Sie freuen sich.
   Sie sehen das Schild: Füttern verboten! Lena und Tim sind traurig.
   Lena sieht ein anderes Schild. Sie liest (→ lesen): Futter hier kaufen.
   Tim kauft Futter. Sie füttern die Enten. Die Enten sind froh.
   Ein Mann kommt. Er schimpft mit Tim und Lena: „Könnt ihr nicht lesen?"

Menschenrechte

Menschenrechte		
		das Asyl die Asyle *the asylum*

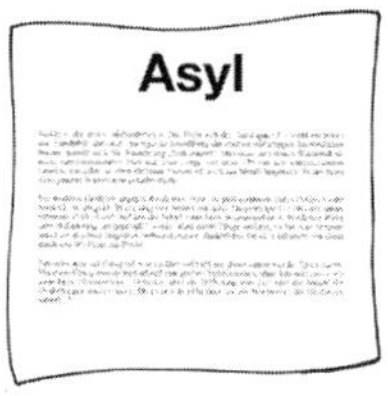

Menschenrechte		
behandeln behandle! *to treat*		die Behandlung die Behandlungen *the treatment*

Menschenrechte		
	frei *free*	die Freiheit die Freiheiten *the freedom*

Menschenrechte		
		das Gesetz die Gesetze *the law*

Menschenrechte		
	gleich *equal*	

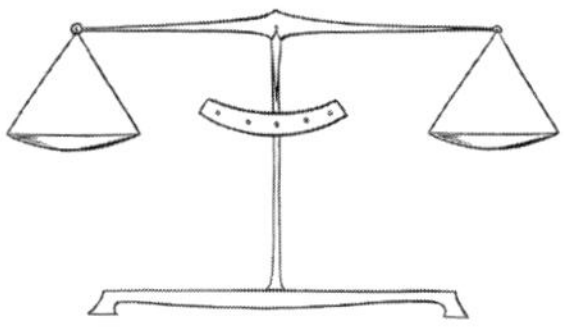

Menschenrechte		
		das Medium die Medien *the media*

Menschenrechte		
	gerecht *just*	**das Recht** die Rechte *the justice*

Menschenrechte		
wählen wähle! *to elect*		die Wahl die Wahlen *the election*

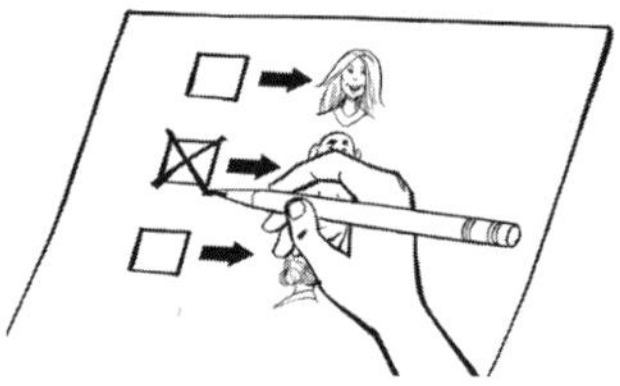

Menschenrechte

Alle Menschen haben Rechte. Die Rechte sind für alle gleich. Das ist gut und richtig.

1. Auf dem Bild sind 3 Menschen. Haben die 3 Menschen die gleichen Rechte? Ja oder nein? Erkläre.

2. Die Rechte für alle Menschen sind die **Menschenrechte**.

Verbinde die Kästchen mit den richtigen Bildern.

Recht auf eine Wohnung
Recht auf freie Religion
Recht auf freie Medien
Recht auf freies Sprechen und Schreiben
Recht auf Arbeit
Schutz vor Gewalt

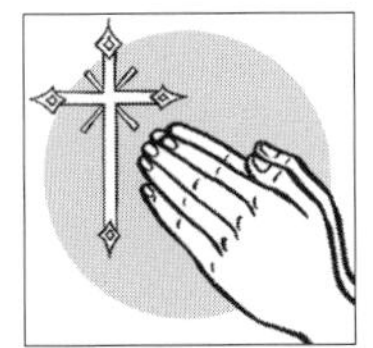
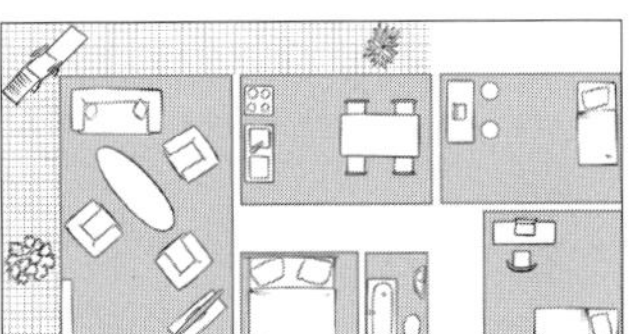

Winfried Röser: Ethikunterricht mit Flüchtlingskindern 5–7

Menschenrechte

Alle Menschen haben Rechte. Die Rechte sind für alle gleich. Das ist gut und richtig.

In den Menschenrechten stehen die wichtigen Regeln für alle Menschen.

Das Recht:

auf eine Wohnung   auf freie Religion   auf Arbeit   auf eine Familie

auf freies Sprechen   auf freie Medien   auf Asyl

1. Schreibe mit den Wörtern Sätze in dein Heft.

   Alle Menschen haben das Recht auf ______________________________

2. In den Menschenrechten steht: Alle Menschen sind frei und gleich.
   Ordne die Wörter richtig in die Tabelle.

freie Medien   Gesetze   eine Arbeit suchen   Schutz vor Gewalt eine Religion suchen   die Familie schützen   sprechen, schreiben und lesen eine Wohnung suchen

Menschenrechte schützen	Menschen können frei wählen

 Lösung

Menschenrechte

1. Ja, sie haben alle die gleichen Rechte, weil alle Menschen gleich sind.

2.

Recht auf eine Wohnung

Recht auf freie Religion

Recht auf freie Medien

Recht auf freies Sprechen und Schreiben

Recht auf Arbeit

Schutz vor Gewalt

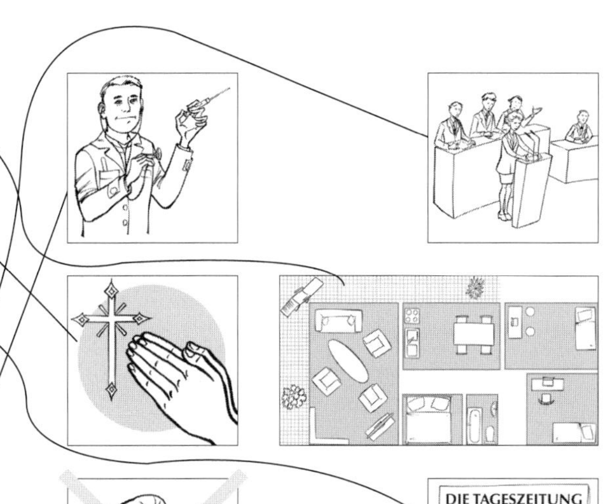

---

1. **Alle Menschen haben das Recht** auf eine Wohnung.
Die Menschen haben das Recht auf freie Religion.
Die Menschen haben das Recht auf Arbeit.
Die Menschen haben das Recht auf eine Familie, die zu schützen ist.
Die Menschen können frei sprechen.
Die Menschen haben das Recht auf freie Medien.
Die Menschen haben das Recht auf Asyl.

2.

Menschenrechte schützen	Menschen können frei wählen
freie Medien	eine Arbeit suchen
Schutz vor Gewalt	eine Wohnung suchen
die Familie schützen	eine Religion suchen
Gesetze	sprechen, schreiben und lesen

Kinderrechte

Kinderrechte

		das Abkommen die Abkommen *the agreement*

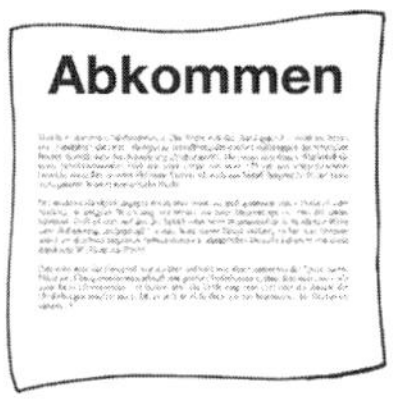

Abkommen

Kinderrechte

	anders *different*	

Kinderrechte

dürfen – *to be allowed*		

Jetzt darf ich Auto fahren!

Kinderrechte

		die Hautfarbe die Hautfarben *the skin colour*

Kinderrechte

		das Land die Länder *the country*

Kinderrechte

1. Alle Kinder haben die gleichen Rechte. Markiere wichtige Wörter.

Die Kinder sprechen eine andere Sprache.

Die Kinder wohnen in anderen Ländern.

Die Kinder haben eine andere Religion.

Die Kinder haben eine andere Hautfarbe.

Die Kinder haben alle die gleichen Rechte.

2. In einem Abkommen stehen die Rechte aller Kinder.
Es heißt: Kinder-Schutz-Abkommen.

Welche Rechte haben Kinder? Schreibe in die Lücken. Die Wörter helfen dir.

Gewalt geschützt (→ schützen) werden	Wohnung	Schule gehen	schwer arbeiten

Die Kinder müssen vor ______________________________.

Die Kinder dürfen nicht ______________________________.

Die Kinder dürfen in die ______________________________.

Die Kinder brauchen eine ______________________________.

3. Welches Recht ist dir wichtig? Erkläre.

____

____

Kinderrechte

1. In einem Kinder-Schutz-Abkommen stehen die Rechte aller Kinder. Welche Rechte haben Kinder? Schreibe Sätze.

eine Familie	eine Wohnung	die Schule	Schutz vor Gewalt

Kinder brauchen ______________________________

____

____

2. Schreibe die Wörter in die Lücken.

eine andere Sprache sprechen	in anderen Ländern wohnen	
eine andere Religion haben	eine andere Hautfarbe haben	anders aussehen

Peter Susi Sergej Naima Roman

Alle Kinder haben die gleichen Rechte. Sie sind aber alle anders.

Peter, Susi, Sergej, Naima und Roman ______________________________.

Die Kinder ______________________________.

Sie ______________________________.

Peter, Susi, Sergei, Naima und Roman ______________________________.

Sie haben ______________________________.

3. Haben Kinder in Deutschland Rechte? Erkläre.

____

____

Kinderrechte

1. Die Kinder sprechen eine andere Sprache.

   Die Kinder wohnen in anderen Ländern.

   Die Kinder haben eine andere Religion.

   Die Kinder haben eine andere Hautfarbe.

   Die Kinder haben alle die gleichen Rechte.

2. Die Kinder müssen vor Gewalt geschützt werden.

   Die Kinder dürfen nicht schwer arbeiten.

   Die Kinder dürfen in die Schule gehen.

   Die Kinder brauchen eine Wohnung.

1. Kinder brauchen eine Familie und eine Wohnung.

   Kinder brauchen die Schule. Dort können sie lernen.

   Kinder brauchen Schutz vor Gewalt.

2. Peter, Susi, Sergej, Naima und Roman sprechen eine andere Sprache.

   Die Kinder wohnen in anderen Ländern.

   Sie haben eine andere Religion.

   Peter, Susi, Sergej, Naima und Roman sehen anders aus.

   Sie haben eine andere Hautfarbe.